전병욱
다시 읽기

바른신앙시리즈 3
전병욱 다시 읽기

펴낸이	김종희
저자	박종운 · 지강유철 · 한종호 · 황영익 · 손봉호
책임편집	황명열
펴낸곳	도서출판 〈뉴스앤조이〉 www.newsnjoy.or.kr
등록	2000년 12월 18일 제20-205호
초판인쇄	2012년 11월 5일
초판발행	2012년 11월 5일
주소	서울 영등포구 국회대로 640 준빌딩4층
전화	02-744-4116
e-mail	newsnjoy@newsnjoy.or.kr
값	7,000원
ISBN	987-89-90928-28-3

* 잘못된 책은 바꿔드립니다.

바른신앙시리즈 3

전병욱 다시 읽기

뉴스앤조이

프롤로그 ·6
김종희

1. **법조인이 바라 본 전병욱 사건** ·9
   박종운

2. **놓쳐선 안 될 또 다른 실체** ·43
   지강유철

3. **전병욱 목사 설교의 어제와 오늘** ·67
   한종호

4. **출교냐 면직이냐 복귀냐** ·109
   황영익

차 례 contents

성추행 피해자 인터뷰 · 138

에필로그 : 목회자들에게 드리는 고언 · 151
손봉호

부록 1 · 159
전병욱 사건 관련 한국교회 목회자의 참회 및 공동 권고문

부록 2 · 163
전병욱목사성범죄기독교공동대책위원회 성명서

프롤로그

 '바른 신앙' 시리즈 세 번째 책의 제목을 〈전병욱 다시 읽기〉로 정했습니다. 〈뉴스앤조이〉 초창기 편집인이었던 한종호 목사가 2000년 창간 때부터 전병욱 목사의 설교를 비판하는 글을 연재했고, 그것을 모아 2001년 1월에 〈전병욱 비판적 읽기〉라는 제목의 책을 낸 적이 있습니다. 그로부터 10년이 조금 지난 지금, "전병욱을 다시 읽고, 다시 보아야 한다"는 의미에서 책 제목을 이렇게 정했습니다.

 전병욱 사건은 저희에게 뜨거운 감자입니다. 〈뉴스앤조이〉는 2000년 창간과 동시에 전병욱 목사 설교를 비평하는 작업을 했는데, 그 때문에 격려도 많이 받고 욕도 많이 먹었습니다. 잘 나가는 목사의 설교를 비판해서 덩달아 떠 보겠다는 얄팍한 상술로 치부하며 비난하는 소리도 있었고, 민중신학·해방신학·자유주의신학의 관점으로 복음적 설교를 재단한다는 '질 낮은' 평가도 있었습니다. 일부 서점에서는 〈전병욱 비판적 읽기〉를 꺼렸습니다. 전병욱 목사 마니아들이나 그의 베스트셀러를 출간하는 출판사에 부담을 느꼈을지 모르겠습니다.

2011년 가을, 〈뉴스앤조이〉가 전병욱 목사의 성범죄를 단독으로 보도했습니다. 그러자 많은 사람들이 마치 10년 동안 쌓아 놓았던 원한이나 미움의 결정판을 내놓은 것이라도 되는 양 저희를 몰아세웠습니다. 상습적인 성범죄자가 비난을 받기보다 그 범죄를 고발한 언론이 더 큰 몰매를 맞는 어처구니없는 상황에 직면했습니다. 저희 보도가 전부 사실로 드러났는데도 말입니다. 그런 험한 분위기 가운데서 또 책을 냈으니 저희도 어지간히 강심장인가 봅니다.

이렇게 욕을 먹으면서까지 전병욱 목사에게 매달리는 이유가 무엇일까요. 그의 행보가 너무 위험하기 때문입니다. 그는 설교로 흥하고 설교로 망한 자입니다. 그가 저지른 성범죄의 씨앗은 이미 그의 설교 안에 담겨 있습니다. 그의 설교 안에는 세속적 야망과 성공, 약자 멸시, 영적 교만, 얄팍한 지식, 왜곡된 성경 해석 등 건전하지 못한 요소들이 골고루 버무려 있습니다. 게다가 중독성이 있습니다.

그의 설교에 중독되면 영혼이 마비될 수밖에 없습니다. 그 다음에 성적(性的)으로 유린당하는 것은 어쩌면 당연한 귀결일지도 모릅니다. 중독은 파멸을 불러올 수밖에 없는 것입니다.

위험한 인자가 전병욱 목사에게만 있는 것은 아닙니다. 사람들을 영적으로 중독시키려고 하는 욕망은 목사들에게 유난합니다. 그래서 정상 궤도에서 크게 벗어나는 짓을 하게 됩니다. 전병욱을 통해 나를 보고 우리를 경계하자는 취지에서 책을 냈습니다.

전병욱 목사는 자신의 죄를 제대로 인정하거나 회개하지도 않았습니다. 회복되지도 않은 채 삼일교회로부터 엄청난 돈을 챙긴 다음 이내 홍대 근처에 교회를 개척했습니다. 그러자 이대로 두고 보아서는 안 된다는 목소리가 여기저기서 나오기 시작했습니다. 전병욱 목사 개인의 문제가 아니라 한국교회의 수치이며 재앙이기 때문입니다.

이러한 분위기가 서서히 일어나는 시점인 7월 12일 명동 청어람에서 긴급 토론회를 열었습니다. 이 책은 그날 발제해 주신 분들의 원고를 정리한 것입니다. 거기에 성범죄 피해자 중 한 명의 인터뷰 내용과 손봉호 교수님의 글 한 편이 추가되었습니다. 한 가지 아쉬운 점은 토론회 발제자 중에 여성이 없다는 것과 정신과 의사가 빠진 것입니다. 이분들을 발제자로 섭외하기가 쉽지 않았습니다.

이 작은 책에는 우리 마음을 무척 힘들게 하는 '불편한 진실'이 담겨 있습니다. 어지러운 세태 속에서 진실은 불편함과 불쾌함을 유발합니다. 그러나 진실이기 때문에 불편함과 불쾌함을 감수하고 무릅써야 합니다. 그래야만 제2, 제3의 피해를 예방할 수 있습니다. 전병욱 성범죄의 진실을 모르고 있거나 잘못 알고 있는 분들, 그리고 진실을 알기 원하는 분들에게 이 책이 도움이 되었으면 좋겠습니다.

<뉴스앤조이> 대표 김종희 드립니다.

법조인이 바라 본
전병욱 사건

박종운
변호사 · 교회개혁실천연대 공동대표

1. 첫 번째 만남 : 아즈카라의 원리, 아즈카라 은혜

전병욱 목사를 실물로 처음 본 것은 2009년 8월 21일(금) 사랑의교회에서 열린 '제2회 기독 법조인의 날' 행사에서였다. 그날, 오정현 목사와 절친이라는 전병욱 목사는 고린도전서 11장 23~26절 성만찬 이야기를 본문으로 하여 '아즈카라의 원리'라는 제목으로 말씀을 전했다. 당시 기록했던 일지를 찾아보니 그날 나는 은혜를 무척 많이 받았던 것 같다. 전 목사의 설교 내용을 내 방식대로 소화하고 해석해서 기록해 놓았다.

전 목사는, 은혜에 대한 3가지 접근 방법 혹은 의의가 있다면서 그 중에 아즈카라적인 접근 방법을 소개했다.

"아즈카라는 '기억', '기념', '생각'으로 해석될 수 있다. 레위기서에 기술된 이스라엘 민족의 5대 제사 중 '소제'만이 곡식을 불에 태워 바치는 것이었는데, 곡식 한 부대를 드리면 제사장이 그 중 한 움큼을 집어 불에 태우고 나머지는 제사장이 가져가 양식으로 사용한다. 이때, 여호와 하나님은 한 부대의 곡식 중 한 움큼만을 받으시고도 한 부대 곡식 전체를 받으신 것으로 용인하신다. '한 움큼'을 '아즈카라' 하신다. 지극히 작은 일부분일지라도 지금 이 순간을 제대로 드리면 하나님은 그것을 전체로 받아 주신다. 비록 일부분 일순간을 드리지만, 그것을 제대로 마음과 뜻을 다하여 드리면 전체를 드린 것으로 인정하고 전체와 똑같게 받아 주신다. 전체를 표상하는 일부분, 한 움큼, 이것이 바로 은혜, '아즈카라'적인 은혜이다."

그리고는 삼손, 십자가 상의 한 강도의 고백, 어떤 장로님의 임종 예배, 야곱 등을 사례로 든 후에 하나님과의 관계 - 나 자신과의 관계 - 이웃과의 관계로 나누어 적용했다.

특히, 대형 교회 목회자의 문제를 이야기하면서,

"담임목사한테는 잘난 남자, 여자들만 다가온다. 쉽게 밥을 살 수 있고 초청할 수 있는, 세상에서 돈 있고 떳떳하고 인정받는 분들이 다가온다. 그들의 인적 장막에 둘러싸이면 썩어들어갈 수밖에 없다. 그래서 결국은 목회자가 평신도들, 특히 세상의 눈으로 보면 병들고 못나고 가난한 분들을 의도적으로 찾아가야 한다."

불교 신자의 사례를 들면서,

"나는 동업자인 기독교 쪽 TV는 잘 보지 않는다. 오히려 불교 방송, 가톨릭 방송을 주로 본다. 나한테 전율을 준 이야기가 있다. 평생 한 분의 스님을 동자승 시절부터 모시던 보살님, 그 스님이 노승이 되자 자기 젊은 딸을 한밤중에 절에 보내면서 노스님께 하룻밤 재워 달라고 부탁하라고 지시한다. 딸이 왜 그렇게 해야 하는지 알 수는 없으나 엄마 지시라 어쩔 수 없이 한밤중에 절에 가서 노승에게 하룻밤 재워 달라고 하자, 그 노승은 문도 열어보지 않고 어딜 유혹하러 왔냐면서 가라고 내쫓는다. 이때 딸은 과연 고승이라 탄복하면서 집에 돌아왔으나, 엄마는 크게 실망하면서 '그 스님은 그릇이 작아서 틀렸다. 큰 스님이 될 수 없겠다. 한밤중에 산속 절간에 찾아왔으면 사람이 먼저 보여야지, 여자가 먼저 보이면 어떡하냐'고 탄식했다고 한다. 그렇다면 목회자인 나는? 성도가 영혼으로 보이지 않고, 돈으로, 물질로, 명예로, 영광으로 보이는 순간 목회자의 생명은 끝난다"고 하면서, "아즈카라를 붙들고 끝까지 나아가라!"

고 끝을 맺었다.

그날 크게 은혜를 받은 나는 귀가하여 평생 동역자인 아내와 그 은혜를 나누면서, 하나님과 성도들과 이웃에게 인색하지 말고 최선의 것을 드리자고 다짐했던 기억이 난다.

위 설교로 인해 전 목사에 대해 관심을 갖게 되고 전 목사가 쓴 책도 읽어 보았다. 전 목사의 책은 깊이가 있다거나 감동적이진 않았지만, 청년 대학생들에게 쉽게 다가가서 말씀과 예화를 통해 그들의 마음을 움직이게 할 정도의 능력이 있는 것으로 보였다.

이러한 과정을 통해 전 목사에 대해 호감을 갖게 되고, 나중에는 존경심까지 갖게 되었을지도 모르는데, 그로부터 불과 1년도 가기 전에 이 사건을 만나게 되었고, 내 마음은 극도의 혼란에 빠지게 되었다.

2. 두 번째 만남 : 내가 접한 전병욱 목사 성폭행 사건

벌써 2년 가까운 시간이 흘러서 그 많았던 사건들을 모두 기억하진 못하겠지만, 매일 작성하는 일지에 근거하여 사건의 경과를 알려드리려고 한다.

가. 사건의 경과 - 피해자의 진술 및 언론의 취재 내용, 직접 경험에 근거하여

- 2009. 11. 13 아침 : 삼일교회의 리더 중 하나이자 전병욱 목사의 측근인 피해자를 전병욱 목사가 자신의 집무실 및 화장실이 딸린 침실에서 성추행.
- 충격을 받은 피해자는 결국 삼일교회를 떠나게 되고 일부 리더들에게 하소연함 → 그 중 어떤 리더가 전병욱 목사 사모에게 이야기를 한 것으로 추정.
- 어떤 지인에게 고백했는데, 그 친구가 자신의 친구인 공중파 방송국 PD에게 제보.
- PD가 취재를 시작, 주변 탐문, 상당히 오랜 기간 동안 복수의 여성도에 대한 성추행(신체적 접촉, 스킨십, 안마, 애무, 성희롱, 성추행 등 포함) 관련 몇 가지 소문 포착. 전병욱 목사가 이번 사건의 피해자를 비롯하여 오래 전부터 복수의 여성도를 성적으로 희롱하고 추행해 왔을 가능성이 높다는 심증을 갖고 본격적인 취재에 들어감. 피해자를 만나서 인터뷰 시도.

- PD가 전병욱 목사에게 전화를 하여 그러한 소문의 진상에 대해 확인을 요구하자, 전병욱 목사가 그러한 사실을 부인함.
- 위와 같이 취재, 주변 탐문이 시작되었다는 사실을 알게 된 전병욱 목사가 약 1,000명의 리더들이 모인 자리에서 "PD가 성추행 의혹을 품고 자신을 취재한다, 나도 흠이 없는 사람은 아니지만 PD가 말하는 그런 소문은 사실이 아니다, 그것이 사실이라면 이렇게 목회를 하고 있겠냐, 사실이라면 사임하겠다 혹은 목회직을 내려놓겠다"는 취지로 말하였다고 함.
- 위 리더 모임에 참석한 리더로부터 전병욱 목사가 해명한 내용을 위와 같이 전해 들은 피해자는 전병욱 목사가 사실을 은폐할 의도로 거짓말을 하고 있다고 생각하고, 전 목사에게 전화(전 목사가 먼저 전화를 시도하였으나 피해자가 받지 않았었는데, 위 모임에 참석한 리더로부터 전 목사가 사실을 호도한다는 것을 알고 그날 밤 전 목사에게 전화했다고 함).
- 전병욱 목사는 "성추행 사실이 방송되지 않도록 도와 달라"고 피해자에게 요청했고, 피해자는 피해자의 고통을 고려하지 않는 전 목사의 태도에 크게 실망하였으며, 더 이상 거짓말을 하지 말고 다시는 성추행을 하지 말라고 요구함.
- 전병욱 목사가 같은 교회 성도인 변호사를 자신의 대리인으로 선임하였다는 소식을 전해 들은 피해자와 PD가 방어 차원에서 기독 변호사를 찾음.
- 모 대학 교수를 통해 필자가 속한 로펌으로 연결.

ⓒ 〈일요시사〉 이원석

● 2011. 07. 12 : 피해자와 PD가 로펌을 방문하여 사실관계를 털어놓고 취재 자료 공개. 대표 변호사가 상담한 후 진실일 가능성이 높은 것으로 판단하고 필자가 돕기로 함(형사사건으로 수임한 것은 아니고, 수임 약정 등도 없었으나 피해자를 위해 진실을 규명하고 문제 해결을 돕기로 한 것임).

● 07. 13 : 이 사건에 충격을 받은 데다가 그즈음 계속되는 개신교 목회자 성 문제와 관련하여 "목사님께 드리는 권면의 글"

구상하여 단식하면서 초안 작성. 삼일교회 측 변호사와 통화.

● 07. 16 : 삼일교회 측 변호사가 로폄을 방문하여, 비공개 면담(PD, 대표 변호사).

● 07. 31 : 삼일교회 초청으로 PD와 함께 삼일교회 방문(전병욱 목사, 수석 장로, 집사, 삼일교회 측 변호사). 교회의 징계 및 전병욱 목사의 사임 권면함. 교회 측은 문제 해결을 위해 노력하겠으니 8월 말까지 기다려 달라고 요청했고 필자와 PD가 이를 수용함.

● 08. 09 : "실족한 목사님께 드리는 권면의 글" 작성 및 〈복음과상황〉에 발송, 〈뉴스앤조이〉 김종희 대표로부터 연락 옴. 8월 말까지 기다려 달라고 요청함.

● 08. 29 : 〈뉴스앤조이〉 김종희 대표 전화. 8월 말이 다가오고 있음.

● 09. 01 : 8월 말이 지났으므로 삼일교회 상황 확인 연락.

 * 교회 상황 : 전병욱 목사가 설교를 내려놓은 8월 첫 주부터 평균 1주에 1,000여 명씩 빠져나가고(2만 2,000명대 → 1만 8,000명대) 100여 명씩 들어오던 신입 교인이 20명대로 줄어들고 있다. 08.31 전병욱 목사는 사임계를 당회에 제출한 후 기도원으로 떠났으며, 당회에서는 ① 사임계는 일단 보류 ② 1개월 근신, 3개월 설교 금지, 6개월 수찬 정지의 징계 결정 ③ 성도들한테 발표 방식, 날짜 등은 결정하지 못했다고 알려 옴.

● 09. 02 : 선배 목사들이 전병욱 목사를 멘토링할 것 등을

제안했다는 소식 들려옴.

- 09. 06 : 선배 목사들이 교회 관계자들을 만나 "전 목사가 피해자와 공동체에 사과하도록 하자", "교회를 사임하고 적어도 1년 동안 상담과 치료를 통해 완전히 회복한 다음 목회지로 복귀하도록 하자", "전 목사가 없는 동안 설교자를 보내 주겠다"는 등의 제안을 했으나 장로들이 거부함. 전 목사에게 직접 제안하려고 했으나, 전 목사에게서 연락이 오지 않는다는 등의 소식이 전해지고, 이후에 전 목사와 연락이 되었으나 결과적으로 멘토링 제안을 거절한 것으로 알려짐.

- 09. 14 : 삼일교회 제직회에서 '8월부터 3개월 설교 중지, 6개월 수찬 정지' 징계 처분이 발표됨(교회는 목사 집무실에서 침대를 치우고 CCTV를 설치하며 비서를 두어서 여자 청년과 단 둘이 있지 못하도록 하는 등 예방 조치를 취할 것이라고 함).

- 09. 15 : 〈뉴스앤조이〉, 전병욱 목사 성추행 관련 기사 작성 → 09.17 첫 기사 나감.

- 10. 16 : 전병욱 목사가 삼일교회에서 열린 제자 결혼식에 주례를 함 - 〈뉴스앤조이〉 기자와 충돌.

- 10. 19, 10. 21 : 전병욱 목사를 설득하여 공개적으로 자복-회개-사과-사임의 의사표시를 할 수 있도록 노력하고, 교회에서는 징계하도록 권면하기로 함.

- 11. 01 : 삼일교회 홈페이지에 전병욱 목사 명의로 '사랑하는 삼일교회 성도 여러분께' 공개 사과 글 올라옴. 향후 조치

논의.

● 11. 02 : 〈동아일보〉 인터넷판, 〈이투데이〉 인터넷신문 등 여러 매체에서 성추행 사실관계를 왜곡하면서 전병욱 죽이기가 진행되었다는 취지의 보도가 나옴 → 삼일교회 측 변호사와 연락하여 왜곡된 내용은 정정 혹은 삭제토록 요청함.

● 12. 20 : '목회자 성윤리, 어떻게 할 것인가?' 포럼(교회개혁실천연대, 기독교윤리실천운동, 바른교회아카데미), '국내 형사법적 관점에서 본 교회 내 성범죄' 발제.

● 12. 22 : 삼일교회와 전병욱 목사 비판하는 블로거들 충돌.

● 이후 삼일교회에서 전병욱 목사는 사임하고, 삼일교회 측은 삼일교회 측을 비판 혹은 비난하는 블로거 등과 논쟁·고소·고발 → 중재·화해 노력.

* 초기에는 전병욱 목사가 비록 구체적인 사실관계를 적시하지는 않았으나 범죄하였다고 인정하고 사임하겠다는 의사표시를 했다는 소식을 전해 듣고 내부 자정 노력에 의해 잘 해결될 것으로 전망하여 8월 말까지 기다리면서 언론 보도를 자제하였다. 그러나 9월에 징계, 사임 여부 및 그 내용과 관련하여 문제가 발생하였고(교회 내부 경징계 및 안식월 조치), 그 때문에 언론에 보도가 되기 시작하였으며, 결국 이러한 사실이 널리 알려지고 당회의 요청에 의해 피해자가 직접 당회에 와서 증언함에 따라 당회에서 전 목사 퇴임을 결정하게 됨.

* 이후에는 교회 측에서 삼일교회의 대처 내용을 비판하는 블로거들과의 고소·고발 사건이 있었고, 이를 중재하였으며, 제한적인 사과 및 고소·고발 취하가 이루어짐.

나. 사실관계 - 피해자의 진술 및 언론의 취재 내용에 근거하여

● 복수의 여성 청년 성도들이, "무릎에 앉아라. 싫다고 해도 괜찮다 앉아라. 내 허벅지에 손 얹어봐라. 가슴 수술한 거 아니냐? 뽕 넣은 거 아니냐? 내가 한번 만져 봐도 되냐, 엉덩이·가슴 등을 만지려고 한다거나, 안마를 요청한다거나, 허리를 감싸고, 손잡고 잠시만 있자면서 단둘이 침대에 누워 있다거나, 결혼하기 전에 알아야 한다면서 성희롱적인 발언을 한다거나…" 그런 일을 겪었다고 함.

● 피해자들은 전 목사의 행동은 잘못되었지만 교회와 하나님께 어려움이 생길까 걱정하여 그런 일을 당한 것을 평생 비밀로 감추고 살아갈 생각을 하는 것이 일반적임.

● 모든 성도들에게 하는 건 아님. 문제 삼지 않을 사람에게 상황 봐 가면서 함.

● 피해자 본인도 이전에 여러 차례 위와 같이 성추행·성희롱을 경험하였으나, 이번에는 커피를 사다 달래서 전 목사 집무실에 갔더니, 최근 삼일교회 당회에서 발표한 내용과 같은 성추

행을 당함.

다. 평가

피해자의 진술, 피해자와 전병욱 목사간 전화 통화 내용, 그 밖에 PD 및 언론의 취재 내용 등으로 볼 때 그 당시 필자가 내린 결론은,

① 피해자의 진술은 신빙성이 매우 높다.

② 행위의 내용 및 정도는 (삼일교회 당회에서 발표한) 내용대로일 가능성이 매우 높다(성추행 피해자들이 가해자의 사과·회개를 원할 경우에는 사건 자체를 거짓으로 확대할 가능성이 매우 적음).

③ 그 과정에서 물리적인 강제 행위나 강력한 거부 행위는 없었던 것으로 보이나 이러한 종류의 성폭행 사건의 특성상(특히, 교회 내에 영적인 위계질서가 강하고 피해자의 가해자에 대한 존경심이 강력할 때, 피해자는 순간적으로 판단 능력을 상실하고 가해자의 요구에 따르게 됨) 성폭행·성추행임이 분명하다.

④ 만일 사건 직후에 고소·고발이 있었다면 전병욱 목사는 형사처분을 받았을 것이다.

⑤ 피해자는 전병욱 목사를 형사처분 받게 할 의도도 없고 교회에 피해를 줄 의도도 없으나, 전병욱 목사가 회중 앞에서 자복하고 회개하고 용서를 구하고 치유되기를 소망하였으며 본인 또한 치유받기를 원하였다.

⑥ 전병욱 목사는 그동안 복수의 여성 청년 성도들과 가벼운 신체적 접촉·스킨십·성희롱적 발언·안마·단둘이 손잡고 침대에 누워 있기 등에서 이 사건에 이르기까지 수차례의 성범죄를 저지른 것으로 보이나, 그에 대하여 목회자인 본인의 죄의식은 상대적으로 적어 보이고 반복적인 것으로 볼 때, 습관성·상습성 혹은 중독성을 보이는 것으로 강력히 추정된다.

⑦ 전병욱 목사는 ⊙ 회중 앞에 구체적으로 자복·회개하고 ⓒ 한국교회와 성도 특히 본인 가족을 포함한 피해자들에게 사과 및 용서를 구하고 ⓒ 사임·중징계·손해배상 등의 적절한 대가를 지불해야 하고 ② 본인 또한 상당 기간의 치유와 회복이 필요한 것으로 보인다.

⑧ 고든 맥도날드의 사례를 통해서 볼 때, 전병욱 목사의 치유와 회복을 위해서는 선배 목회자들이 상당한 기간 동안 멘토링 등을 통해 도와야 하고, 중독성 여부에 대해서는 전문가 진단을 받고 그 결과에 따라 의학적·심리학적 치료가 필요할 것으로 보인다.

⑨ 이 사건을 통하여 한국교회는 목회자 및 성도 특히 여성도들의 '성', 목회자와 여성도 간의 인간관계 특히, 신체적 접촉 및 관계에 대한 올바른 인식, 교회 내의 시스템 개선(목회자 직무실 개선, 여성도들과 비공개 개별 면담 주의, CCTV 설치, 건전한 기독교적 성교육 등) 등이 필요하고, 범죄한 성도·목회자들의 치유와 회복에 대한 연구 및 실행이 필요하다.

⑩ 이 사건은 1차적으로 전병욱 목사와 삼일교회가 내부 자정 능력을 발휘하여 교회는 전병욱 목사를 중징계하고, 전병욱 목사는 교회를 사임하며, 교회와 전 목사는 피해자에 대해 사과 및 용서를 구하고 손해를 배상하도록 유도하는 것이 바람직하다.

위와 같은 결론에 따라 필자는 가급적 전 목사와 삼일교회가 자정 노력을 통해 문제를 해결할 수 있도록 노력하였다. 처음에는 아즈카라 은혜를 아는 전 목사라면, 그가 목회를 하였고 신앙적으로 건강한 청년들이 많은 삼일교회라면, 그것이 가능할 것이라 낙관하였다.

3. 기독 법률가의 관점에서 본 전병욱 사건

- 이 부분은 2010년 12월 20일경 기독교윤리실천운동 주최 '목회자 성윤리 어떻게 할 것인가' 포럼에서 '국내 형사법적 관점에서 본 교회 내 성범죄'란 주제로 발표한 내용과 대동소이하다. -

가. 들어가는 말

최근 교회 내 성범죄, 특히 목회자의 여성도에 대한 성범죄의 빈도가 높아지고 있다. 기독 언론 〈뉴스앤조이〉에 이미 보도된 사건도 적지 않지만, 그보다는 훨씬 더 많은 사건들이 제보되었고, 성범죄의 특성상 여러 사정으로 인해 보도되지 못한 사건이 많다고 한다. 일반 언론을 통해서 드러난 개신교 목회자의 성범죄 사건들을 보더라도 기독교의 성윤리는 물론이고 일반 사회의 성윤리 수준에도 미치지 못하는 사례가 나타나고 있음을 알 수 있다.

이러한 사회적인 추세를 개신교계 또한 벗어나지 못하고 있는지, 최근 들어와서는 건전할 것으로 믿어졌던 몇몇 교회에서조차 목회자들이 '성' 문제로 실족하는 것을 보고 들으면서, 이런 상황이라면 도대체 정통 기독교인들이 어떠한 점에서 이단[1]이나 비기독교인들과 성별되는 것인지 혼란스럽다.

2010년 12월 15일 기독교윤리실천운동이 주관한 '2010년 한국교회의 사회적 신뢰도 여론조사'에서 한국교회를 신뢰하지 않는 이유로, 언행일치의 모습을 볼 수 없어서(15.6%), 교인들의 비윤리적 행동 때문에(14.9%)가 높은 비율을 차지했다. 이를 통해서 유추해 볼 때, 목회자의 성범죄는 단순히 해당 목회자와 피해자의 문제, 해당 교회의 문제에서 나아가 한국 사회에서 한국교회의 사회적 신뢰도를 떨어뜨리고, 불명예와 치욕을 안겨주며, 궁극적으로는 기독교 진리의 전파를 가로막고 있다는 점을 알 수 있다.

여기에서는 국내 형사법적인 관점에서 성범죄란 무엇이고, 교회 내 성범죄의 특수성에 대해 살펴봄으로써, 한국교회 목회자와 성도들이 하나님나라의 윤리를 들먹이기 전에 최소한 실정법적인 관점에서 어떤 점에 유의하여야 하는지 함께 각성하려고 한다.

나. 성범죄란 무엇인가

성범죄란, 성(性)에 관계되는 범죄를 말하는데, '성범죄'에 관하여 확립된 정의가 존재하는 것은 아니다. 넓은 뜻에서는, 대체로 타인의 자유의사와는 관계없이 가해지는 모든 신체적·정신적·언어적 폭력 등 일체의 행위를 함으로써 성립되는 범죄를 말한다. 대개는 여성 피해자가 많으며, 신고를 해야만 범죄가 성립되는 친고죄(親告罪)에 해당된다. 좁은 뜻에서는 형법 제2편 제22장 성풍속에 관한 죄[2], 제32장 강간과 추행의 죄[3]에 규정된 범죄만을 가리키기도 한다.

성적인 욕망은 식욕과 함께 인간의 기본적인 본능에 속하지만, 성적인 행동이나 성문화는 시대나 지역에 따라 차이가 크게 나타나고, 역사적·상대적이기 때문에 법의 기능을 고려하여 성의 영역에 대한 공권력의 개입·간섭은 최소화하는 경향이 있었다(윤리와 법률의 구별, 비범죄화 경향, 가벌적 행위만을 법률로 규정).

현대 사회를 특징짓는 많은 현상들 가운데 '성 의식'만큼 급속하게 변화하고 있는 것도 없을 것이다. 성 의식의 빠른 변화와 함께 성과 관련된 범죄의 문제도 다양한 양태를 띠며 변화하고 있다. 특히 '성의 자유'나 '성의 개방'이 시대적 풍조로 되고 있는 현대의 경우 성문화의 역사성과 상대성이 강조되고 있다.

그런데 최근에는 여성 인권이 신장되는 것과 더불어, 성범죄 특히, 성폭력을 성기 중심적이고 물리적인 강제 행위에 초점을 맞추어온 종전의 개념에 반대하면서, 성을 매개로 여성에게 가해지는 일련의 강제 및 통제 행위로서의 신체적·정신적·언어적 폭력을 포괄하는 개념의 정립을 요구하는 새로운 흐름이 있

---

1) 이단들 중 일부는 '피갈음', '초야권', '은혜' 등의 이름으로 성추행을 자행하기도 했다.
2) 제241조(간통), 제242조(음행매개), 제243조(음화반포등), 제244조(음화제조등), 제245조(공연음란).
3) 제297조(강간), 제298조(강제추행), 제299조(준강간, 준강제추행), 제300조(미수범), 제301조(강간등 상해·치상), 제301조의2(강간등 살인·치사), 제302조(미성년자등에 대한 간음), 제303조(업무상위력등에 의한 간음), 제304조(혼인빙자등에 의한 간음), 제305조(미성년자에 대한 간음, 추행), 제305조의2(상습범), 제306조(고소).

다. 다양한 종류의 강간, 어린이 성추행을 포함한 각종 성폭행, 성적 학대와 성적 희롱·성기 노출·음란 전화 등이 이에 해당된다. 강제 행위는 물리적인 것뿐만 아니라 다양한 형태의 협박, 위계나 속임수, 위력 행사에 의해 강제성이 부과되는 경우 또는 강제 행위에 대해 직접적인 거부를 하지 못할 만큼 피해자를 무력하게 만든 상태에서 행위가 이루어지는 경우를 모두 포괄하게 된다.

성폭력(性暴力)이란, 강간이나 강제 추행뿐만 아니라 언어적 성희롱·음란성 메시지·몰래카메라 등 상대방의 의사에 반하여 성적 자기 결정권을 침해하는 모든 신체적·정신적 폭력을 말한다. 성폭력의 유형은 행위의 내용, 가해자와의 관계, 성폭력이 일어나는 공간에 따라 복잡하고 다양한 형태가 있고, 협의로는 강간·강간 미수를 말하기도 한다.

성폭력은 성폭력 행위, 가해자와의 관계, 성폭력이 일어나는 공간에 따라 다양하고도 복합적인 형태로 일어나고 있는데, 새로운 흐름의 경향에 따라 아래와 같이 성폭력의 유형을 분류할 수 있다.[4]

① 데이트 성폭력 : 데이트 중에 상대방이 원하지 않는 성적인 행동을 하거나 강요하는 것을 말한다. 데이트 성폭력은 상대

---

[4] 이에 대해서는 '한국여성민우회 성폭력상담소'의 성폭력 유형 분류를 빌려 왔다.

방의 의사를 제대로 확인하지 않아 발생하는 경우가 많고, 서로 좋아하는 감정을 가지고 있기 때문에 피해자와 가해자 모두 성폭력이라고 인식하지 못하기도 한다. 하지만 신뢰를 바탕으로 한 관계에서의 성폭력이기 때문에 피해자의 상처는 더욱 크다. 상대방을 존중한다면 항상 상대방의 욕구와 의사에 귀를 기울이고 존중해 주어야 한다.

② 친족 성폭력 : 가족·친척·인척 관계 내에서 일어나는 성폭력을 말한다. 친족 성폭력은 피해자와 가해자가 오랫동안 같은 공간에서 머물러야 하는 특성상 어린 시절부터 성인이 될 때까지 지속적으로 성폭력 피해를 경험하게 될 수 있으므로 가족 중에 가해자가 있다면 빨리 피해자와 분리시켜야 한다.

③ 사이버 성폭력 : 사이버 공간에서의 채팅이나 이메일 등을 통해 원하지 않는 이야기를 하거나 장면을 보게 함으로써 성적 수치심이나 위협을 느끼게 하는 행위다. 사이버 성폭력은 현실 세계의 성폭력과 마찬가지로 피해자에게 가해지는 성적 자기 결정권에 대한 침해인 동시에 자유롭고 편안한 환경에서 통신 활동을 할 권리를 침해하는 범죄다.

④ 공공장소에서의 성폭력 : 지하철이나 극장, 버스 등 사람들이 많이 이용하는 공공장소에서 발생하는 성폭력을 말한

다. 사람들이 많은 장소에서 여성들에게 몸을 부딪치거나 다리를 벌리고 앉아서 옆 사람에게 피해를 주는 행위는 성폭력이 될 수 있다.

⑤ 스토킹 : 싫다고 의사 표현을 했음에도 불구하고 지속적으로 따라다니면서 괴롭히는 것을 말한다. 만나줄 것을 요구하거나, 두 사람 사이의 일을 공개하겠다고 협박하거나, 반복적으로 연락하는 것 등 정신적·신체적으로 괴롭히는 것이 해당된다. 사랑의 표현이나 구애로 보는 경우가 많지만, 스토킹은 피해자의 인권을 침해하는 심각한 성폭력 범죄다

⑥ 2차 가해 : '1차 가해'는 가해자가 피해자에게 행한 직접적인 가해라고 하면 '2차 가해'는 성폭력 사건을 둘러싼 사회적 시선이나 피해자를 대하는 태도로 인해 피해자에게 또 다른 피해를 주는 것을 말한다. 예를 들면 피해자의 행동이나 옷차림을 문제 삼아 피해자에게 책임을 묻는 것, 성폭력 사건을 신고·고소했을 때 조사 과정에서 성경험 등을 질문함으로써 피해자에게 또 다른 고통을 주는 것 등을 2차 가해라고 볼 수 있다.

⑦ 학내 성폭력 : 학내 성폭력은 학교라는 공간에서 교사나 교수, 선배 등의 관계에서 발생하는 성폭력을 말한다. 학내 성폭력은 평소 친분이 있고 신뢰 관계에 있는 사람들 간에 발생하

는 성폭력이기 때문에 성폭력으로 인식하기도 쉽지 않고 공개적으로 문제 제기하는 것도 어렵다. 그러나 학내 성폭력은 피해자들의 성적 자기 결정권뿐만 아니라 안전하게 학습할 수 있는 권리를 침해하는 심각한 범죄로 공동체 내의 적극적인 해결 과정이 필요하다.

⑧ 직장 내 성희롱 : 직장 내 성희롱이란 "직장 상사, 동료, 계열사 직원 등이 채용 과정이나 근무 기간 중에 상대방의 의사에 반하여 행하는 성적인 언동"으로 피해자에게 성적인 불쾌감을 주는 것을 말한다. 직장 내 성희롱이나 성폭력은 분위기를 위한 농담 정도로 여기기도 하지만, 피해자들에게는 안전한 일터를 위협받게 됨으로써 경제활동과 관련된 생존권에도 위협을 주는 심각한 범죄다.

● '성추행'은 일방적인 성적 만족을 얻기 위하여 물리적으로 신체 접촉을 가함으로써 상대방에게 성적 수치심을 불러일으키는 행위를 말하는데, 형법 제298조(강제추행)는 "폭행 또는 협박으로 사람에 대하여 추행을 한 자", 제299조(준강간, 준강제추행)는 "사람의 심신상실 또는 항거 불능의 상태를 이용하여 추행을 한 자"를 처벌하고 있다. '추행'은 강간까지 가기 전 단계의 성폭력 행위를 통칭하는 경우로도 사용된다. 유사 성행위[5]도 성추행에 포함된다.

● '성희롱'은 주로 직장 내 성범죄와 관련하여 가장 최근에 문제가 되고 있는 유형인데, 이성에게 상대방의 의사에 관계없이 성적으로 수치심을 주는 말이나 행동, 또는 그 말이나 행동을 하는 일을 의미한다. '남녀고용평등법'을 대체하여 제정된 '남녀 고용 평등과 일·가정 양립 지원에 관한 법률' 제2조(정의) 제2호는 '직장 내 성희롱'에 대해 "사업주·상급자 또는 근로자가 직장 내의 지위를 이용하거나 업무와 관련하여 다른 근로자에게 성적 언동 등으로 성적 굴욕감 또는 혐오감을 느끼게 하거나 성적 언동 또는 그 밖의 요구 등에 따르지 아니하였다는 이유로 고용에서 불이익을 주는 것을 말한다"고 규정하고 있다.

● '성추문(醜聞)'은 성에 관한 추잡하고 좋지 못한 소문을 말하는데, 영어의 스캔들과 유사하게 사용되고 있다.

다. 성범죄와 처벌

성범죄는 고대로부터 처벌의 대상이 되었다. 예전에는 (개인의 성적 의사 결정의 자유를 보호하기 위한 개인적 범죄로서의 차원이 아니라) 음란성을 추방하여 성적 순결성을 보호하려는 사회적·국가적 이익을 우선으로 고려하는 차원에서 이해했

---

5) 개념이 확립되지는 않은 것으로 보인다. "(성기 삽입에까지는 이르지 않았으나) 하의를 벗기고 성기를 애무하거나 애무케 하는 성행위" 정도로 보면 될 것이다.

는데, 이러한 시각에서 로마법에서는 강간·근친상간·매매음(賣買淫)·간통 등을 범죄로 다루었고, 중세의 교회법과 계몽기 이후의 오스트리아·독일 등의 근대 형법에서도 마찬가지였다. 성범죄가 강간·추행의 죄와 성풍속에 관한 죄로 분리된 것은 성범죄의 자유화·합리화의 요구가 인식되기 시작한 비교적 최근의 일이다.

현행 형법에는 제22장 성풍속에 관한 죄, 제32장 강간과 추행의 죄가 있고, 특별법으로는 '성폭력 범죄의 처벌 등에 관한 특례법(2010. 4. 15. 공포 및 시행)', '성폭력방지 및 피해자 보호 등에 관한 법률(2010. 4. 15. 공포, 2011. 1. 1 시행)', '성폭력 범죄자의 성충동 약물 치료에 관한 법률(2010. 7. 23 공포, 2011. 7. 24. 시행)', '성매매 알선 등 행위의 처벌에 관한 법률(2010. 4. 15. 개정, 2011. 1. 1. 시행)', '성매매 방지 및 피해자 보호 등에 관한 법률(2010. 4. 15. 개정, 2011. 1. 1. 시행)', '아동·청소년의 성보호에 관한 법률(2010. 7. 23. 개정, 2010. 8. 24. 시행)', '특정 강력 범죄의 처벌에 관한 특례법(2010. 4. 15. 개정 및 시행)'의 일부 규정, '아동복지법(2010. 6. 4. 개정 및 2010. 7. 5. 시행)'의 일부 규정, '풍속 영업의 규제에 관한 법률(2010. 07. 23. 개정 및 시행)'의 일부 규정 등이 있는바, 아래에서는 그 가운데 가장 중요한 형법과 '성폭력범죄의 처벌 등에 관한 특례법'만 기재한다.

성범죄 관련 규정들은 일반 형법의 경우 대부분이 친고죄[6]

이지만, 특별 형법의 경우 대부분을 비친고죄(非親告罪)로 규정함으로써 피해자의 고소가 없어도 공소할 수 있도록 하고 있다.

라. 교회 내 성범죄의 특수성

교회 내 성범죄의 특수성은 일반 성범죄의 특수성과 유사하면서도 다른 점이 있다. 아래에서는 필자 나름대로 일반 성범죄와 교회 내 성범죄의 특수성을 간추려 보았다.

① 은밀성 - 입증의 곤란 - 고소의 어려움

최근의 성범죄는 공공장소에서도 일어나지만, 대부분의 성범죄는 은밀하게 발생한다. 따라서 가해자와 피해자, 이렇게 두 사람만 알고 다른 사람들은 모르게 되는 것이 일반적이다. 또한, 성범죄 피해자는 사회적 편견 및 제2차 피해의 대상이 될 것을 우려하여 성범죄 피해자라는 사실 자체를 밝히기 꺼려하는 경향이 있다.

한편, 목격자가 없고 가해자와 피해자 둘만 아는 사실이다 보니, 피해자가 나중에 성폭력을 당했다고 주장하려고 해도 입증하기가 매우 어렵다. 이와 같이 입증의 어려움이 있기 때문에 가해자가 그런 일이 없었다고 딱 잡아떼고 부인하게 되면, 치밀하게 증거를 확보하거나 전문가의 도움을 받지 않으면, 피해자가

---

6) 피해자의 고소가 있어야 공소를 제기할 수 있는 범죄.

나중에 성범죄임을 알고 가해자를 고소하려고 해도 고소가 어렵게 되는 것도 사실이다.

② 친고죄 - 고소 기간의 제한
이미 앞에서 살펴본 바와 같이 대부분의 성범죄는 피해자 측의 고소가 있어야 공소를 제기할 수 있는 친고죄이고, 친고죄는 범인을 알게 된 날로부터 6개월 이내에 고소를 해야 하는 것이 원칙(형사소송법 제230조)인데, 피해자 홀로 고민하다가 증거도 확보하지 못하고 시간을 소비하게 되면, 6개월을 넘기기 쉽다.

③ 수직 관계 - 우월적 지위
목회자의 성도에 대한 성범죄는 마치 근친자에 의한 성범죄, 직장 내 상사에 의한 성범죄와 유사한 측면이 있다. 목회자는 마치 성도가 자신의 영적인 자녀인 것처럼 접근하고, 영적인 상사처럼 수직적인 위계질서를 가지는 경우가 허다하기 때문이다. 실제로 목회자에 의한 성범죄 피해자의 진술을 들어보면, 대부분 "사랑하는 자매"라 부르면서, "목사님이 오늘 사역하느라 너무 힘들어요. 그런데 우리 자매가 옆에 있어서 너무 위로가 되요. 목사님 안마 좀 해 줄래, 목사님 좀 안아 줄래" 등의 핑계를 대며 성적인 접촉을 시도한다. 평상시라면, 다른 사람이었다면 당연히 거부했을 성적인 행위라도 목회자가 요구하면 모든 이

성이 마비된 것처럼 꼼짝 못하고[7] 순종하게 되는 경우가 많다. 행위가 끝난 뒤에는 다른 사람들한테 이야기를 하지 못하도록 영적인 권위를 앞세워 윽박지르거나 인간적인 약함을 드러내거나 목회를 핑계 삼는 경우가 많다.

④ 신앙적 위계(僞計)

목회자가 여성도에 대해 성범죄를 행할 때에는 성서의 오용과 자의적인 해석이 뒤따르게 된다. 아담을 돕는 배필인 하와, 목자의 기쁨이 되어주는 양, 하나님께 드리듯이 가장 소중한 것을 바치라는 등 이단·사이비 교주의 입에서나 나올 만한 말들로 여성도들을 혼란에 빠지게 하는 경우가 많다. 한 번 혼란에 빠진 피해 여성은 그것이 성폭력이라는 사실을 아예 깨닫지 못하거나, 깨닫는다고 하더라도 그것을 자신이 목회자를 섬기는 방법이요, 주의 종을 기쁘게 하는 것, 심지어는 주의 종에게 은혜를 입었다는 착각에까지 빠지게 된다.

⑤ 중독성 - 반복·상습·재범의 가능성

목회자가 성범죄를 저지를 경우에는, 대부분의 성범죄자가 그러하듯이 단 1건, 혹은 1회에 그치는 경우가 드물다. 성범죄자들의 특징을 살펴보면, 신체·성기능 측면에서는 성충동이

---

[7] 바로 앞에서 입을 크게 벌리고 잡아먹으려는 "뱀 눈 앞의 개구리처럼"

강하고 과잉 성욕을 가졌으며, 성의식·정신적 측면에서는 성의 윤리적 가치를 부정하고 사회의 의미를 무시하며 여성을 성욕의 방출 대상으로 본다고 한다. 목회자의 경우에도 평소 설교 기타 언행을 통해 여성 비하적인 발언을 하는 경우가 많고, 여러 여성도에게 성희롱적인 언동을 하는 경우가 적지 않다. 따라서 목회자의 성범죄에 대해서는 반복성·중독성·재범의 가능성이 높다.

⑥ 제2차 피해의 심각성

성폭력은 피해를 당한 여성 개인은 물론 사회 전체에도 심각한 결과를 가져온다. 성폭력을 당한 여성 개인은 공포·우울·불안·모욕감·복수심·남성 혐오감·성관계의 어려움·불면·소화 장애·두통 등을 가져오고, 인간관계의 손상·직장 상실·신앙 상실 등의 어려움을 겪기도 한다. 사회적으로는 직장 내에서 행해지는 추행의 경우 여성들의 근로 의욕을 떨어뜨리고, 밤늦게 일해야 하는 직장에 대해서는 선택을 꺼리게 한다. 교회 내 성폭력의 경우에는 교회 공동체를 떠나게 되고 심지어는 신앙을 버리게 되기도 한다.

그보다 더 심각한 것은 성폭력에 대한 오해와 그릇된 통념들이다. "강간은 정숙하지 못한 여성들의 옷차림이나 행동 때문에 일어난다", "남성은 순간적인 성충동을 억제할 수 없어 강간한다"는 등의 속설은 강간이 어린이와 노인들까지 대상으로 하고, 모르는 사람보다 아는 사람에 의해 더 많이 발생하고 있다는 점에서 잘못된 것임이 명백해졌지만, 아직까지도 통념으로 남아 있다.

교회 내 목회자에 의한 성폭력의 경우에는 일반적인 성폭력의 경우보다 피해자의 2차 피해 정도가 훨씬 더 크다고 할 수 있는데, 그것은 가해 목회자 본인이나 교회 내 다른 구성원들의 피해자에 대한 태도 때문이다. "피해자가 목회자를 유혹했다, 목사님이 그 정도의 애정 표현을 한 것 가지고 감히 성범죄자로 몰아세울 수가 있느냐, 너만 참으면 아무런 문제가 없다, 교회를 파괴하려는 사탄의 자식이다, 원래부터 이단에 속한 자였는데 우리 교회를 파괴하려고 침투했다"고까지 비난하기 때문이다.

⑦ 교회 분쟁으로의 비화

마. 사안의 경우

이 사건의 경우에는 피해자가 전병욱 목사의 형사처분을 원하지 않았으므로 검토의 대상이 되지 않았으나, 만일 사건 직후에 형사고소를 하였다면 성폭력 범죄에 대한 수사기관 및 법원의 태도, 확보된 자료로 볼 때 형사처분이 가능하였을 것으로 보이며, 다른 사례들까지 추가 고소·고발이 이루어진다면 가중처벌되었을 것이다.

3. 세 번째 만남을 기대하며 : 값싼 은혜로 전락해 가는 아즈카라적 은혜를 뛰어넘어

2002년에 교회개혁실천연대가 출범하면서부터 집행위원으로 섬기다 보니, 여러 목회자와 교회 내·외부의 좋은 일, 나쁜 일들을 많이 알게 되었다. 그 중 가장 최근에 부딪친 문제는 바로 목회자의 성범죄 문제다. 최근 들어 건전한 교회로 믿었던 몇몇 교회에서조차 목회자들이 '돈'과 '성' 문제 등으로 실족하는 것을 보고 들으면서, '실족한 목사님께 드리는 권면의 글' 형식을 빌려 〈복음과상황〉 2010년 9월호와 〈뉴스앤조이〉에 글을 실은 적이 있다. 그로부터 며칠 지나지 않아 〈뉴스앤조이〉에 'ㅅ교회 ㅈ 목사 여성도 성추행' 기사가 보도되는 바람에 여러 가지 우여곡절을 겪기도 하였다. 사실, 그 이전에도 많은 일들이 있었지만, 위 글을 쓰게 된 직접적인 계기는 삼일교회 전병욱 목사의 여성도 성추행 사건 때문이었다.

그 당시 몇 달 동안 이 문제를 놓고 기도하고 상담하고 협의하고 다투기도 하면서 많은 일들을 겪었다. 현재까지도 진행형이라 할 수 있다. 아무리 뛰어난 목회자라 하더라도 영적인 긴장의 끈을 놓치게 되면 자신도 깨닫지 못하는 사이에 혹은 알면서도, 성적으로 타락한 세속 정신에 몸과 마음이 물들어 갈 수 있다는 사실을 깨닫게 되었다. 훌륭하신 분이라고 소문이 나 있었기 때문에, 죄를 범한 것은 사실이라 하더라도 이분만큼은 한국의 고든 맥도날드가 될 수 있으리라 섣불리 믿어보기도 하였다. 기대에 미치지 못하는 것을 보고 그분 또한 우리와 같이 평범한 죄인임을 깨닫기도 하였다. 그러한 가운데, 가장 심각하게 고민하게 된 것은 '회심과 회개', '치유와 회복'이다.

범죄에 빠지지 않으려면 어떻게 해야 하는가? 죄악의 수렁에 빠진 우리는 어떠한 과정을 거쳐서 주관적이면서도 객관적인 '회심', '회개'를 하게 되는 것인가? 치유와 회복은 어떻게 가능한가? '실족한 목사님께 드리는 권면의 글'은 이 고민의 시작이자 그 당시까지의 결과물이다.

추가하여, 이 사건을 보면서 그동안 경험했던 대형 교회 목회자들의 성·돈·권력·명예 등과 관련된 문제들이 생각난다. 특히, 그들은 범죄행위를 하는 와중에도 설교를 했다(심지어 어느 미국의 TV 부흥사는 성매매 여성과 섹스를 나눈 다음에 곧바로 생방송으로 부흥회 설교를 했다고 한다). 그 설교로 인한 은혜가 여전한 이유는 무엇일까? 내가 그동안 고민했던 주제다. 그리고 교회 개혁 관련 여러 사건을 겪으면서 내 나름대로의 결론을 내렸다.

그것은, 하나님이 그분들을 도구로 사용하시기 때문이다. 나 같은 죄인도 기독 법률가 운동을 하고 성서한국 운동을 하고 교회 개혁 운동을 하는 것은, 내가 흠이 없기 때문이 아니라 예수 그리스도의 보혈의 피로, 하나님께서 당신의 일꾼으로 사용하심으로 가능하다.

또한 이른바 잘나가는, 부흥하는 교회의 목회자가 범죄한 경우에 대해서도 이렇게 말씀드릴 수 있다. 누군가 능력은 있는데 품성과 영성이 부족하다면, 이것은 시속 200km 이상 달릴 수 있는 차량은 있는데 운전자도 시원치 않고, 그러한 속도로 달릴 만한 도로도 없는 것과 같다. 이때 자동차(능력)를 가진(받은) 운전자는 고속으로 달리고 싶어 한다. 그러나 자신의 운전 실력·경험·집중력·체력 등이 부족하고, 나아가 고속으로 달릴 만한 도로 여건·환경이 조성되어 있지 않다면, 특히 내적인 요건이 구비되어 있지 않다면 반드시 큰 사고가 발생하게 된다. 이때 기독인으로서 필요한 것은 그러한 내·외적인 여건에 더하여 성령의 지배를 받아야 한다는 것이다. 우리는 성령이 없으면 항상 육체의 종이 될 수밖에 없다. 편 가르고 음란하고 세속적이고 돈과 명예를 추구한다. 그러나 성령의 지배를 받게 되는 순간 이러한 문제들은 사라진다.

능력이 탁월한 사람일수록 더욱 더 그 능력에 걸맞은 품성·인격을 갖추고 나아가 성령의 지배를 받아야 한다. 성령께서 생각하시는 대로 말씀하시는 대로 움직이는 대로 살아야 한다. 그렇지 않으면 평범한 사람보다 더 큰 사고를 일으키게 되고, 보다 많은 사람들에게 더 큰 실망과 좌절과 혼란을 주게 된다.

마지막으로, 전병욱 목사에게 권면한다.

"목사님과 주변 인물들끼리만 '이 정도했으면 되었다, 새롭게 시작할 준비가 되었다, 이제 개척해도 된다'고 생각하시지 말고 지금이라도 선배 목사들의 멘토링을 받으시면서 치유와 회복을 맛보시기 바랍니다. 크든 작든 전 목사님의 범죄행위로 인해 상처 입은 자매들께 구체적이고 공개적으로 진정성 있게 사과하시고 용서를 구하십시오. 그리고 그와 관련하여 전문가의 진단을 받아 보시고 필요하다면 정신적·심리적 치료도 받으시기 바랍니다.

그리고 수년 내에 세 번째 만남이 이루어지길 소망합니다. 그 때에는 더욱 큰 능력, 품성, 영성을 갖추고 대중 앞에 나타나시기 바랍니다. 지금 홍대새교회를 개척하는 것은 결국 목사님 자신을 계속하여 왜곡된 길로 가도록 하는 것일 뿐입니다. 우리를 사랑하시어서 한 움큼의 헌신만으로도 큰 은혜를 베푸시는 하나님의 크신 사랑, 아즈카라의 은혜를 너무나 값싼 은혜로 변질시키지 말아 주시기 바랍니다.

다른 것은 잘 모르겠지만, 당신이 여성 청년 성도들에게 범한 성적인 범죄와 그로 인해 가족과 피해자들에게 준 상처, 삼일교회를 비롯한 한국교회의 성도에게 준 크나큰 실망, 무엇보다도 하나님 앞에 바로 설 수 없는 이 참담함을 생각하신다면, 적정한 과정과 절차를 거치지 않고 이렇게 빨리 목회 현장으로 돌아오는 것은 더 큰 죄악이 되기 쉽습니다.

우리가 마지막 심판 날 오른 편에 선 자가 될지 왼 편에 선 자가 될지 양으로 평가받을지 염소로 평가받을지, 우리는 알 수 없습니다. 지나친 자기 확신을 경계하며 주님 앞에 두렵고 떨림으로 더욱 낮아져서 마지막 그날까지 주님 말씀대로 살아갈 뿐입니다. 주님의 은총을 간구할 뿐입니다. 아멘."

놓쳐선 안 될
또 다른 실체

지강유철
양화진문화원 선임연구원 · 〈장기려, 그 사람〉 저자

필자의 인생 스텝을 결정적으로 꼬이게 만든 사건을 소개하며 이 글을 시작하려고 한다. 1985년부터 만 9년 동안 삼일교회 성가대 지휘자와 전도사로 봉사했다. 전병욱 목사의 청빙 절차를 밟던 1993년에는 선임 교역자였다.

그해 11월이었다. 청년부 한 자매가 오더니 이상한 말을 했다. 전병욱 목사가 신반포교회 핵심 리더 8명에게 "삼일교회로 가는데 같이 가자"고 했다는 이야기를 친구에게 들었다고 했다.

선임 교역자도 전병욱 목사 청빙 건을 모를 때였다. 그래서 전 목사가 신반포교회 80명의 청년을 데리고 오겠다고 공공연하게 한 이야기를 당회에 말씀드렸다. 그 여파로 전병욱 목사 청빙 건은 없던 일이 되는 듯했다.

한 달 정도 지나자 갑자기 전병욱 목사 청빙이 재추진되었다. 일부 젊은 집사들과 청년들이 전병욱 목사의 청빙엔 문제가 많으니 철회해 달라고 장로들께 매달렸다. 하지만 소용이 없었다. 그래서 쫓겨날 각오로 밤새워 교인들 앞에서 발표할 글을 썼다.

공동의회 석상에서 용케도 발언권을 얻고 몇 줄 읽었다. 임시당회장은 "무슨 얘기하려는지 알겠다"며 그만 내려가라고 했다. 이야기를 더 듣게 해 달라는 한 청년과 안수 집사의 요구가 있었지만 임시당회장은 받아들이지 않았다. 잠시 소란이 있었으나 청빙 절차는 계속됐다.

투표 직전에 임시당회장은 분명하게 말했다. "교회에서 반대표를 던지는 일이 어렵다는 거 잘 안다. 반대 의사를 가진 분은 기권이라 쓰든지 아무 것도 쓰지 말고 백지 표를 내라"고 했다. 투표 결과는 찬성 64표, 반대 21표, 기권 16표로 집계되었다. 전병욱 목사 청빙은 3분의 2 찬성을 못 얻어 부결되었다. 그런데 수요일에 교회를 갔더니 해괴한 소리가 들렸다. 청빙이 통과되었다는 거다. 당회는 헌법을 들고 나와서 아무 것도 쓰지 않은 백표는 무효로 처리한다고 되어 있기 때문에 지난 일요일에 나온 14표의 백표는 무효라고 주장했다. 당회가 근거로 제시한 것은 총회 헌법적 규칙 7조 4항이었다. "지정한 투표용지를 사용하지 않거나 백표가 잘못 기록한 투표지는 무효표로 하되 잘못 기록한 투표지는 총 표수로 계산하고 백표는 총 표수에 계입(計入)하지 않는다."

기가 막혀서 "임시당회장님이 교인들에게 백지 내도 괜찮다고 하지 않았느냐"고 당회원들에게 따졌다. 그랬더니 임시당회장이 헌법을 몰랐다는 것이다. 노회장을 역임했고, 당시 칼빈신학교 학장이 청빙 투표와 관련된 헌법적 규칙을 몰랐다는 얘기다. 삼일교회 청빙투표를 위해 철야 산기도를 다녀오셨을 정도로 청빙 공동의회를 중요하게 생각하신 분이 이토록 중요한 헌법적 규칙을 몰랐다는 것이다. 그래서 필자는 그 주간에 발행된 1993년 12월 18일 자 청년 대학부 주보 〈모퉁이 돌〉에 '목사님과 도둑질'이라는 다소 과격한 칼럼을 썼다. 오래 전의 칼럼이지만 전문을 여기에 소개한다.

"찬성 64, 반대 21, 기권 16."

이것이 전병욱 목사님의 청빙 건을 부결시킨 지난주 공동의회의 결과였다. 이 결과는 지체 없이 공동의회 의장에 의해 엄숙히 선언되었다. 그러나 그것이 끝이 아니었다. 부결이 통과로 뒤집혔으니까. 그것도 겨우 3일 만에! 둔갑된 내용은 이렇다.

"찬성 64, 반대 21, 기권 2, 총 투표수에 제외되는 사표 14."

달라진 기권표의 내용은 가차 없이 '부결'에 사형을 선고하는 한편 사흘간 무덤에 있던 '통과'를 부활시켰다. 그도 그럴 것이, 더 이상은 총 투표자가 101명도, 기권표가 16표도 아니게 되어버렸으니까. 따라서 찬성 64점은 부끄러운 낙제 점수가 아니라 당당한 통과 조건이 되어 버렸으니까. 이렇게 아연실색할 만한 일을 가능케 했을 뿐 아니라 그렇게 뒤집지 않으면 안(?)되게 만든 근거는 대한예수교장로회(합동) 헌법이다. 헌법적 규칙 제7조 4항(교회의 선거투표)은 그 근거를 이렇게 밝히고 있다.

> "지정한 투표 용지를 사용하지 않거나, 백표나 잘못 기록한 투표지는 무효표로 하되 잘못 기록된 투표지는 총 표수로 계산하고 백표는 총 투표수에 계입하지 않는다."

그러니까 문제가 된 것은 그 날에 행사된 '백표'다. 우리를 통탄케 만든 것은 그 '백표'가 기권표가 아니란 점이다. 우린 그 사실을 모른 채 투표할 수밖에 없었다는 점이다. 더군다나 임시 공동의회 의장은 "그렇게 할 수 있다"는 정도를 넘어 "그렇게 하라"고 종용치 아니하던가. 그러니 안심하고 '백표'를 낼 수밖에. 그런데 "그 표가 무효표(총 표수에 계입되지 않는다)라"니! "그런 상식도 몰랐냐"니! "권리를 스스로 포기해 놓고 이제 와서 무슨 할 말이 있느냐"니! 바로 이런 억지가 교회에서, 그것도 지도층에서 나오고 있다. 어허, 어허…!

더욱 기가 막힌 건 임시 당회장의 변명과 사과다. 그런 법이 있는지 몰랐다는 것이다. 교회를 지도하기 위해 노회가 파송한 노회 지도자가 법을 몰랐다는 것이다. 선지 동산에서 학장으로 오래 봉직하고 있을 뿐 아니라 수십 년 교회를 맡아 섬기신 목사님께서 '교회의 선거 투표'를 몰랐다는 얘기다. 백보 양보하여 모를 수 있다고 가정해 보자. 그렇다면 문제가 달라지는가. 상황이 개선되는가. 목사님의 말씀처럼 우리의 공동의회를 위해 산기도를 하시는 것도 중요하다. 감사해야 할 일이다. 그러나 그것만이 능사는 아니지 않는가. 얼마나 삼일교회를 가볍게 생각했으면 이런 실수(?)를 할 수 있는가. 얼마나 공동의회를 무시하면 하나님과 성도들을 이렇게 기만할 수 있는가. 그분에겐 무엇이 중요하고, 무엇이 두려운 일일까. 당회에서 그분은 이미 사과하셨다고 한다. 무엇을 어떻게 사과했는지 모르지만.

진정 사과할 의향이 있으시다면 오셔서 해야 한다. 그리고 의장으로 의무를 다하여야 한다. 오시지도 않고(어떤 이유로든) 어떤 결과가 주어지든 '나 몰라라'는 식이라면, 그걸 사과라

말할 수 있는가. 거룩한 표를 도둑질하고 말로 때우시겠다? 당신도 목사인가!

그 일로 필자는 삼일교회에서 내침을 당했고, 그 이후 발목이 잡혀 아직도 교회 개혁 언저리를 맴돌고 있다. 필자가 왜 20여 년 전의 이야기를 다시 꺼내는지는 뒤에서 다시 말씀드리겠다.

이글의 제목은 '놓쳐선 안 될 전병욱 사건의 또 다른 실체'다. 물론 여기서의 '또 다른 실체'란 당회다. 필자는 전병욱 목사의 성추행 사건만큼이나 삼일교회 대응도 심각했다고 본다. 삼일교회 당회가 한국교회 평균에 비해 특별히 더 수준이 낮았다는 뜻은 아니다. 담임목사 성추행 사건에 대한 삼일교회 당회의 대응은, 보면 볼수록 필자가 경험한 한국교회의 당회와 너무 닮았다는 의미다.

이번 사건을 계기로 이와 유사한 사건이 터졌을 때, 소속 교회의 당회가 과연 어떻게 대응할지를 진지하게 생각해 보길 희망한다. 전병욱 목사의 개척을 저지하는 일도 중요하다. 하지만 그 이상으로 중요한 것이, 어느 교회 당회든지 심각한 문제를 안고 있을지 모른다는 사실을 겸허하게 인정하고 당회의 실체를 차분하게 살펴보는 것이다. 어떤 사건이 벌어진 후에는 이미 늦었다. 옆집에서 소를 잃었을 때 외양간을 고쳐야 재난을 피할 수 있는 것과 같은 이치다.

삼일교회에는 죄송한 말씀이지만, 전병욱 목사 사태를 보면서 지금 우리 교회에 도둑이 들어올 구멍은 없는지 살피지 못한다면 우리 교회 또한 삼일교회와 똑같은 실수를 저지를 수 있다는 사실을 환기하자. 때문에 홍대새교회 개척이나 이번 사건에 결정적 계기를 만든 삼일교회 청년들의 감동적인 활동, 그리고 삼일교회가 소속된 평양노회 문제에 대한 논의는 다른 분들에게 넘기려고 한다. 담임목사 성추행 사건에 대한 삼일교회 당회의 대응을 알아보기 전에 당회 구성부터 들여다보자.

기형적 당회 구성

합동 교단의 헌법 정치편 9장 1조는 "당회는 지교회 목사와 치리 장로로 조직하되 세례교인 25인 이상을 요하고(행 14:23, 딛 1:5) 장로의 증원도 이에 준한다"고 되어 있다. 세례교인 25명당 장로 1인을 증원할 수 있다는 뜻이다. 따라서 2만 명이 모인다는 삼일교회는 장로가 최소 500명 이상은 되어야 한다. 초신자가 많은 교회라는 점을 감안해서 세례를 받지 않은 교인을 33퍼센트 정도로 추산해도 그렇다. 하지만 현재 삼일교회 시무장로는 6명이다. 전병욱 목사가 목회하는 동안 삼일교회에서는 장로 임직이 2004년 12월 7일과 2010년 3월 1일에 있었다. 2004년 12월 7일에는 2명의 장로가 안수를 받았고 2010년 3월 1일에는 1명의 장로가 안수를 받았다. 17년 동안 두 번의 임직

식에서 총 세 명이 장로로 선출된 것이다.

안수집사도 1999년 5월 23일에 다섯 명, 2004년 12월 7일에 세 명, 2010년 3월 1일에 두 명, 합계 열 명을 세운 게 전부다. 17년 간 교인이 80명에서 2만 명으로 250배 늘어났는데 말이다. 1980~1990년대에 접어들자 공동의회에서 3분의 2 이상 찬성을 얻어야 하는 장로나 안수 집사의 선출이 매우 어려워진 것은 사실이다. 하지만 삼일교회 장로가 여섯뿐인 이유를 그 탓으로 돌리기엔 뭔가 석연치 않다. 교인 증가 비율에 따라 매년 계속 임직 선거를 했지만 3분의 2 찬성을 얻지 못한 게 아니기 때문이다.

그렇다면 청년 비율이 높았기 때문에 장로의 수가 적었을까? 그 대답도 옹색하기는 마찬가지다. 예장합동은 통합보다 장로 되기가 훨씬 수월하다. 예장통합은 세례 받고 무흠 7년에 마흔 살이 되어야 장로 자격이 주어진다. 하지만 합동은 무흠 5년에 서른다섯이면 장로가 될 수 있다. 현재 일부 대형 교회들은 결혼을 하지 않은 40대 청년 모임을 두고 있다. 35세 청년은 어느 교회에서든 쉽게 만날 수 있다. 대다수 교회는 20대보다 30대 청년들이 더 많다. 삼일교회의 담임목사와 당회의 의지만 확실했다면 청년 중에서도 많은 장로의 선출이 가능했다는 의미다.

전병욱 목사 성추행 사건을 깊이 들여다보기 위해 필자는 2만 명 교회에 왜 장로가 6명뿐인가에 의문을 가졌다. 만약 담임목사의 성추행 사건이 터졌을 때 당회원이 몇 십 명만 되었어도 전개 양상은 많이 다르지 않았을까? 물론 여의도순복음교회가 보여주듯 장로가 많다고 자동적으로 당회나 교회의 건강성이 확보되는 건 아니다. 하지만 삼일교회는 담임목사가 사임서를 제출했거나 이미 사임을 한 상태였다. 그런 점에서 여의도순복음교회와는 상황이 다르다. 삼일교회에서는 강력한 담임목사의 카리스마를 걱정할 필요가 없는 상황이었지만 사건 처리는 더 심각하게 꼬였다. 그래서 준비되지 못한 몇 명의 장로에 의해 당회가 휘둘리는 것보다는 많은 장로들이 서로를 건강하게 견제하는 편이 더 안전하지 않을까 생각하게 되는 것이다.

장로의 숫자가 많다고 개혁이 확보되는 것은 아니지만, 당회원의 숫자가 너무 작아도 외압이나 연고 등에 의해 쉽게 좌지우지될 가능성이 높아진다. 필자가 아는 바로는 6명의 삼일교회 장로 중 무려 3분의 1에 해당하는 장로들이 공공연하게 전병욱 목사를 다시 모셔오자는 의견을 고집했고, 그로 인해 청빙 과정에 잡음이 적지 않았다. 그 결과 청빙 절차가 꽤나 지연되었다. 때문에 삼일교회가 교단 헌법에 따라 장로들을 보다 적극적으로 세웠다면 전병욱 목사 사건 처리에서 삼일교회가 시행착오를 줄일 수 있지 않았을까 생각한다.

이제부터 차례대로 당회가 담임목사 성추행 사건을 어떻게 풀어나갔는지 살펴보려고 한다.

전병욱 목사 불법 징계

먼저 담임목사 불법 징계를 들여다보자. 삼일교회 당회가 전병욱 목사 성추행 사건 실체를 확인한 후 첫 번째 내린 조치는 징계였다. 그런데 이 징계는 총회 헌법을 정면으로 위반한 것이다. "목사에 관한 사건은 노회 직할에 속하고 일반 신도에 관한 사건은 당회 직할에 속하나 상회가 하회에 명령하여 처리하는 사건을 하회가 순종하지 아니하거나 부주의로 처결하지 아니하면 상회가 직접 처결권이 있다"는 헌법 권징 조례 제4장 19조를 따질 것도 없이, 목사의 징계는 노회가 하는 것이 상식 중의 상식이다. 그런데 삼일교회 당회는 그 기본적인 사실조차 몰라서 담임목사를 책벌했다.

둘째, 교회 내의 모든 징계는 재판을 통해서만 가능하다. 어떤 기사를 찾아봐도 삼일교회 당회가 전 목사를 징계하기 위해 재판을 열었다는 기록은 보이지 않는다. 삼일교회 당회를 대표한 한 장로는 전병욱 목사에 대한 징계를 "고민 끝에" 내렸다고 했지만, 교회의 권징은 "고민 끝에" 내리는 것이 아니라 법에 따라 해야 한다. 법대로 한다고 해서 고민이 생략되는 것은 아니지만 말이다.

셋째, 모든 재판은 공개가 원칙이다. 치리회 회원 3분의 1이 가결하면 비공개 재판이 가능하긴 하다. 그러나 재판 결과는 반드시 교회에 공포해야 한다. 헌법 정치편 제19장 2조에, "회장은 매 사건의 결정을 공포할 것"이라 못 박고 있다. 그러나 삼일교회 당회는 불법 징계를 2개월 동안 쉬쉬하다가 평일 저녁 열린 제직회 때 발표했다. 이렇게 삼일교회 당회는 전병욱 목사를 불법적으로 치리했을 뿐 아니라 그 사실을 알리는 절차도 지키지 않았다.

직·간접 사임 요구 거부

이제는 당회가 얼마나 끈질기게 거부했는지를 살펴보자. 전병욱 목사의 성추행이 공식화된 것은 2010년 7월 10일 당회였다. 사임 건은 그로부터 162일 만인, 그해 12월 19일 주일 저녁 예배에서 발표되었다.

여기서 우리가 눈여겨봐야 할 대목은 당회가 162일 동안 다섯 차례의 직접 사임 처리 요구와 언론 보도를 통한 최소 80차례의 간접 사임 처리 요구를 모두 거부했다는 점이다. 먼저 다섯 차례에 걸친 직접 사임 처리 거부에 대해 살펴보자.

당회원 일동이 홈페이지에 올린 글에 의하면 전 목사는 2010년 7월 10일 당회에 사임서를 제출했다. 소위 한국교회 차세대를 대표한다던 전 목사가 문서로 당회에 사임서를 제출했다면 결코 가볍게 볼 일이 아니다. 만약 전 목사의 사표를 이런 의미에서 무겁게 받아들여 사임을 거부했다면 심정적으로 수긍은 된다. 그런데 당회는 사임이 아니라 징계를 했다. 이것이 사임에 대한 삼일교회 당회의 1차 거부다.

그해 7월 말이 되자 피해 자매 측 변호사와 모 방송 PD 등은 전병욱 목사와 법률 대리인, 수석 장로 등을 교회에서 만나 사임을 요구한다. 교회 측은 여름 행사 등의 이유를 내세우며 당장은 곤란하다고 했다. 피해 자매 측은 전병욱 목사 측에 이 사건을 어떻게 처리할 것인지를 8월 말까지 알려 달라고 하였다. 〈뉴스앤조이〉도 그때까지는 이 사건을 보도하지 말고 기다려 달라는 요청을 받는다. 하지만 당회는 이 사임 처리 요구도 거절하였다. 이것이 2차 거부다.

삼일교회에서 8월 말까지 아무런 답이 없자 전 목사를 잘 아는 교계 중진 목사 세 분이 9월 6일 교회 관계자들을 만났다. 이들이 삼일교회 관계자들에게 요구한 것은, 전병욱 목사가 피해자와 공동체에 사과하고 교회를 사임하라는 것이었다. 만약 그렇게 하면 설교자를 보내주겠다는 친절한 제안을 곁들였다. 그러나 당회는 이 요청도 거부했다. 이것이 3차 거부다.

기독교윤리실천운동이 삼일교회 당회에 비공개로 내용증명을 보낸 것은 10월이었다. 서신의 전문이 공개된 적은 없지만, 당시 기독교윤리실천운동 관계자에게 확인한 바로는 내용증명의 내용 중에 사임 요청이 있었다. 삼일교회 당회는 기독교윤리실천운동의 교회 측을 배려한 비공개적인 제안조차 거부한다. 이것이 삼일교회 당회의 전병욱 목사 사임 4차 거부다.

교회개혁실천연대에서는 비공개 서신에 이어 11월 10일의 성명서를 통해 전 목사의 사표 수리를 당회에 촉구하였다. 그러나 당회는 11월 1일에 있었던 전 목사의 공개적인 사과가 당회의 입장이라면서 교회개혁실천연대의 사임 처리 요구를 또 거부하였다. 이것이 5차 거부다.

수십 차례에 걸친 간접적 사임 압박

2010년 9월 17일 〈뉴스앤조이〉가 전 목사 성추행 첫 보도를 한 이후, 기독 언론과 일반 언론을 가릴 것 없이 사건을 보도했다. 포털을 검색해 보니 첫 보도 이후 사임 발표가 있던

12월 19일까지, 〈한겨레〉, 〈오마이뉴스〉, 〈국민일보〉, 〈동아일보〉, 〈서울신문〉, 〈경향신문〉 등 일반 언론에서만 60개가 넘는 기사를 쏟아냈다. 전 목사의 성추행 기사를 취급한 일반 언론사만도 40개가 넘었다. 하지만 이 모든 요구에 삼일교회 당회는 요지부동이었다.

당회는 앵무새처럼 "80여 명이 모이던 교회가 2만여 명의 성도가 모이는 교회로 부흥하는데 기여한 담임목사의 사임 처리를 정확한 확인 절차 없이 할 수 없었다"고 해명했다. 그러나 이 주장에는 고개를 갸우뚱하게 된다. 당회의 해명대로라면 전병욱 목사에 대한 2010년 7월 10일의 3개월 설교 정지와 6개월 수찬 정지 징계는 성추행 사실을 정확하게 확인하지 않고 했다는

말이 되기 때문이다. 삼일교회 당회가 불법 징계와 절차를 지키지 않았을 뿐 아니라 담임목사의 성추행 건에 대해 사실관계조차 제대로 파악하지 않고 징계를 했다는 사실 앞에서 한동안 입을 다물 수가 없었다.

목사가 어떤 일에 책임을 지고 교회를 사임하는 것과, 교회 재판을 받아 설교와 수찬 정지라는 책벌을 받는 것은 천양지차다. 목회자의 입장에서는 불명예 퇴진이라 하더라도 사임이 면직이나 수찬 정지보다 훨씬 괴롭고 힘들지 모른다.

때문에 담임목사를 징계하거나 사임시킬 땐 언제나 신중하고 정확한 확인 절차가 필요하다. 조금만 생각해 보더라도 그건 교회를 크게 부흥시켰느냐 그렇지 않느냐에 따라 좌우될 사안이 아니다. 그런데 삼일교회 당회는 마치 징계는 사실관계 파악이 덜 정확해도 되고, 교회를 2만 명으로 성장시킨 목사의 사임 건은 더 정확한 확인 절차가 필요한 것처럼 행동했다. 이 부분에 관해 삼일교회 당회는 성경보다는 철저히 세속적인 사고방식을 따랐다는 비판을 면키 어렵다. 2만 명으로 성장시킨 목사이기 때문에 더 정확한 확인 절차가 필요하다는 말은 천부당만부당한 말씀이다.

핵심 그룹의 사건 축소 및 은폐 기도

다음으로는 교회 핵심 리더 그룹의 사건 축소 내지 은폐 기도를 들여다보자. 언론 보도를 종합해 보면 성추행 사건 이후 삼일교회 내에는 피해 자매들을 꽃뱀이나 이단 신천지로 매도하는 분위기가 분명 있었다. 일부 교역자들은 진실을 알면서도 침묵하거나, 잘못을 바로 잡으려는 교인들을 마치 교회를 분열시키는 세력으로 매도하는 설교를 했다.

부교역자들은 성추행 실체에 대한 규명을 요구하는 글들을 조직적으로 지우거나 지우도록 지시하였고, 소송 대리인을 통해 포털에 글 삭제 요청하는 일에도 간여했다. 이처럼 교회 지도층은 세상 사람들과 똑같은 방식으로 성추행 사건의 파장을 최소화하는 데 급급했다. 원인을 근본적으로 제거하려는 노력 대신 한 기독 언론의 표현처럼 '교회 내 공안 분위기 조성'에 더 열을 올렸다.

거액의 전별금 지급

이제는 거액의 전별금 지급 논란에 대한 이야기다. 13개월 동안 비밀에 부쳐졌던 거액의 전별금은 올 1월 15일 열린 예·결산 공동의회에서 슬그머니 공개되었다. 그러자 67명의 간사·목자·집사들이 이대로 있을 수 없다며 들고 일어났다. "당회는 성추행 사건의 실체와 거액의 전별금 지급 근거를 분명하게 밝히라"고 요구한 것이다.

4월 9일 제직회 때 내놓은 답변의 핵심은 13억 4,500만 원이 전별금이 아니라는 것과 구강성교였다. 당회는 전 목사에게 지급한 거액의 주택 구입비 등을 1977년 제정한 당회 회칙에 근거해 지급했다고 밝혔다. 그러나 이 해명에는 문제가 많다.

우선 당회 회칙이 전 교인들에게 단 한 번이라도 공개된 적이 있는지 묻고 싶다. 총회 헌법 정치편 제9장 9조는, 당회가 학습인 명부, 입교인 명부 등 8가지 명부를 비치하도록 명하고 있는데 여기에 당회 회칙은 없다. 헌법적 규칙 13조도 교회마다 비치해야 할 10개의 문서를 지정했지만 거기에도 당회 회칙 같은 건 없다. 헌법적 규칙 13조에는 교회가 비치해야 한다고 정한 문서는 1) 교인의 각종 명부, 2) 당회록, 3) 공동 회의록, 4) 재판 회록, 5) 제직회록과 각 단체 기관 회록, 6) 본 교회 사기, 7) 교회 재산 목록, 8) 교회 물품 대장, 9) 각종 통계표, 10) 각 보고철과 참고 서류철이다.

당회 회칙은 교회법적 근거가 전혀 없다는 이야기다. 당회는 이런 사적 문서를 근거로 성도들의 헌금 13억 4,500만 원을 제직회의 동의를 구하지 않고 임의로 지출했다.

교인에 대한 민형사상 소송

또 살펴볼 것은 한 교인에 대한 민형사상 소송 문제다. 전 목사 사임 이후 당회가 제일 먼저 한 일은 성추행 사실을 인터넷에 알린 교인을 형사 고소한 것이다. 삼일교회를 다룬 게시물을 내리라는 요구에 계속 불응했다는 게 그 이유였다.

교인 한 사람을 고소하기 위해 당회원 전원과 부목사 11명, 강도사 1명, 전도사 3명 등 교회 핵심 리더 27명이 소송인으로 이름을 올렸다. 이들은 2개월 후 그 교인을 상대로 다시 2억 6,000만 원의 손해배상 소송을 제기했다.

더 충격적인 사실은 삼일교회 측이 성추행을 당한 피해자 자매까지 고소하려고 했다는 점이다. 이 이야기는 2011년 6월 15일, 삼일교회를 대표하는 목사·장로·변호사가 자신들이 고소한 교인 지 모 기자와 중재하기 위한 공적 자리에서 나온 것이다. 틀림없는 사실이란 뜻이다.

삼일교회 당회는 매우 중대한 착각을 하고 있다. 교회나 교인의 명예는 대한민국 사법부가 지켜주는 게 아니다. 민형사상 고소에서 승소했다고 명예가 지켜질 것이라 생각했다면 큰 오산이다. 우리 신앙의 선배들은 때리면 맞았고, 고소하면 옥에 갇혔다. 순교하면서도 예수님처럼 침묵했다. 성도와 교회의 영광은 매 맞고, 감옥에 가고, 고문당하고, 끝내 순교하는 가운데 지켜지는 것이다. 또 하나 지적하지 않을 수 없는 것은 삼일교회 당회는 크리스천이라면 소중하게 생각해야 할 예수 그리스도의 명예보다는 삼일교회의 명예를 우선했다. 아니 삼일교회의 명예를 지키기 위해 예수 그리스도의 이름이 세상 사람들로부터 손가락질 당하는 것을 아랑곳하지 않았다.

때문에 당회와 교역자, 진장들의 명예를 지키려고 제기한 소송은 도리어 교회의 명예뿐 아니라 예수 그리스도의 이름을 실추시켰다. 〈한겨레〉는 삼일교회가 민형사상 소송을 제기한 것을 가리켜 "자기반성보다는 전 목사를 보호하고 문제 덮기에만 급급한 것 같다"고 꼬집었다.

필자는 여기서 삼일교회와는 전혀 다른 선택을 했던 한 가지 사례를 소개하려고 한다. 100주년기념사업협의회와 100주년기념교회는 양화진외국인선교사묘원 때문에 2007년부터 현재까지 수차례의 민형사상 고소를 당했다. 2007년 8월에 이재철 목사가 사자명예훼손 혐의로 형사 고소를 당했지만 기각되었다.

그러자 선교사 후손이 중심이 된 경성구미인묘지회는 '도시공원 및 녹지 등에 관한 법률 위반'으로 100주년기념사업협의회를 고소했다. 그 사건도 무혐의로 불기소되었다. 그러니 '예배 및 묘지관리업무방해'로 서울지검에 또 형사 고소했다. 지검에서 기각 당하자 고검에 항소했다. 고검도 각하하자 이번에는 서울고등법원에 재정신청을 냈다. 하지만 고등법원도 재정신청을 각하했다.

그렇게 되자 저들은 '양화진묘지 소유권 이전등기 말소' 민사소송을 또 제기했다. 그러나 1심에 이어 2심에서 완전 패소했다. 이렇게 많은 민형사상 고소를 당하였지만 100주년기념사업협의회나 100주년기념교회는 6년간 단 한 차례도 고소하지 않았다.

모름지기 크리스천이나 기독교 단체라면 그래야 하지 않는가. 삼일교회 당회가 이제라도 교인을 상대로 소송하고, 심지어 피해자까지 명예훼손으로 고소하려고 했던 사실을 반성하고 사과하길 진심으로 바란다.

성도들을 대변하지도 못한 당회

한 가지 더 말씀드리자면 성도들을 대변하지 못한 당회에 대한 내용이다. 전 목사를 사임시키는 데 162일이나 걸렸는데, 후임 목사 청빙까지는 또 1년 6개월이나 걸렸다. 청빙위원회가 실제 활동을 시작한 것은 2011년 3월 12일이었고, 최종 후보들을 결정한 건 10월 16일이었다. 그런데 청빙은 8개월이 지난 6월 10일에서야 확정되었다.

청빙에 시간이 이렇게 오래 걸린 것은 임시당회장이 1~2순위 후보를 거부한 채 자기 사람을 심으려 했고, 전병욱 목사를 다시 모셔야 한다는 일부 장로들 때문이었다. 앞에서 잠시 언급했지만 피해 자매로부터 성추행 사실을 들었던 당회원들 가운데서 전 목사를 다시 모셔오자는 주장을 끈질기게 했다는 사실 앞에 할 말을 잃게 된다. 그랬으니 당회가 전 목사를 재추대하려는 것 아니냐는 수군거림이 교인들 사이에 회자될 수밖에 없었던 것 아닌가. 전 목사의 비밀 개척설 또한 당회의 분명치 못한 태도와 무관치 않다.

다섯 차례에 걸친 사임 요구와 언론의 강한 압박이 없었더라면 당회가 담임목사 사임 건을 어떻게 처리했을지 모른다. 67명의 간사·목자·집사들이 사건 실체를 밝히고 전별금 논란에 책임 있게 답하라고 공개적으로 요구하지 않았다면 당회는 삼일교회를 어디로 이끌었을까.

결론

필자가 19년 전의 전병욱 목사 청빙 과정으로 이 글을 시작한 것은 그때 당회의 문제가 현재 당회에서도 여전히 문제란 점을 확인했기 때문이다. 한 가지만 예로 들면, 당회원 일동이 2010년 12월 21일 홈페이지에 올린 글에는, 전 목사가 "80여 명이 모이던 교회를 2만여 명 모이는 교회로 부흥시켰다"는 대목이 나온다. 전 목사 청빙 투표에 101명이 투표를 했기 때문에 이는 사실과 다른 진술이다. 문제는 현재의 당회원들 대다수가 17년 전의 그 공동의회 때 있었다는 것이다.

그때 당회는 전병욱 목사를 모시기 위해서 임시당회장이 시키는 대로 한 죄밖에 없는 14명의 신성한 표를 가차 없이 무효로 만들었다. 좀 더 심하게 말하면 자신들의 명예를 지키기 위해 14명의 평신도를 죽인 대가로 전병욱 목사를 얻은 것이다. 이처럼 작은 숫자를 무시하기 시작하면 천하보다 한 생명이 귀하다는 예수님 말씀은 설 자리를 잃게 된다. 그 결과, 교회는 세상과 비슷해지다가 똑같아지게 되는 것이다.

필자의 눈에는 19년 전의 당회나 현재의 당회가 별로 달라 보이지 않는다. 자신들의 목적을 얻기 위해서라면 얼마의 교인쯤

은 얼마든지 희생시킬 수 있다는 사실을 그때의 당회나 현재의 당회가 똑똑하게 보여줬기 때문이다.

바로 그런 당회였기 때문에 필요할 때는 162일 동안 사임을 몸으로 막았고, 그 필요가 없다고 판단하자 전 목사에게 인사할 기회도 주지 않고 내쫓아 버렸던 것이다. 전 목사가 약속을 어기고 인근에 교회 개척을 하니 공개 석상에서는 매우 이례적으로 구강성교까지 들먹이며 교인 차단에 나선 것이다. 그리스도가 아니라 사람, 보편적인 예수 그리스도의 몸으로서의 공동체가 아니라 어떤 지역 공동체를 중요하게 여기게 될 때 하나님의 교회가 어떻게 변질되는지를 삼일교회 당회는 유감없이 보여주었다고 생각한다.

삼일교회 내에 뜻 있는 젊은이들이 아니었다면 전 목사 사임에 관한 진실도, 후임목사(송태근)의 청빙도 없었다. 우리는 이 시점에서 분명하게 인식해야 한다. 삼일교회 당회가 잘해서 좋은 목사를 모신 것이 절대 아님을 말이다.

때문에 과도하게 전병욱 목사 비판에 집중하거나, 송태근 목사 청빙에 안도한 나머지 지난 2년 동안 당회가 저질렀던 과오를 쉽게 잊어서는 안 될 것이다.

지금까지 살핀 것처럼 삼일교회의 최대 위기 때 드러난 당회의 '생얼'은 흉하게 일그러져 있었다. 당회는 당연히 알고 있어야 할 교단 헌법에 무지해서 담임목사를 불법 징계했다. 징계 중에 결혼식 주례를 할 수 있느냐는 기자의 질문에, 주일 대예배 설교만 아니면 괜찮다는 장로도 있었다.

노회에 청원한 전병욱 목사의 2년간 목회 금지 건은 구두 약속이 문제가 되어서 부결되었다. 아무런 법적 근거가 없는 당회 회칙에 13억 4,500만 원이 제직회 동의도 없이 몰래 지급되기도 했다. 벼룩 한 마리를 잡기 위해 초가삼간을 태우는 사람처럼 어리석고 무모한 재판에 당회원·부교역자·진장 전원이 달려들기도 했다.

이런 당회를 바꿔 나가지 않는 한 삼일교회 성도들이 겪었던 아픔과 고민은 머지않아 우리 모두의 고민이자 아픔이 될 것이다. 지금 이 시점에서 한국교회 당회, 아니 내가 소속된 교회의 당회를 하나님의 눈으로 살피는 것은 아무리 강조해도 지나치지 않는다. 진정한 교회 개혁은 지금 바로 여기에서 시작되어야 하기 때문이다. 한국교회를 위해 지혜와 슬기를 모아야할 때다.

전병욱 목사 설교의
어제와 오늘

한종호
목사 · 꽃자리출판사 대표 · 〈전병욱 비판적 읽기〉 저자

1. '어제' : 세속적 성공주의와 역사의 왜곡

전병욱 목사의 목회적 관심은 오늘날 이 시대에 생존의 여러 가지 복잡한 투쟁을 할 수밖에 없는 젊은 세대에게 희망과 용기와 비전을 주는 데 있다. 그런 차원에서 전 목사의 설교가 젊은이들에게 미치는 영향의 강도와 그 의미는 매우 중요하다. 자칫 나약해지기 쉽고 좌절에 빠지기 쉬운 청년들이 말씀과 예배, 교회 공동체 의식을 통해 저력 있고 쉽게 굴하지 않는 의지를 가진 인간형으로 자라난다면 더할 나위 없이 바람직한 일이다. 이러한 것이 신앙적인 영성을 바탕으로 한다면, 또 그런 가능성이 현실적으로 가능하다면 그 또한 좋은 일이고 칭찬할 일이다. 그런 면에서 전 목사의 목회적 위상 혹은 그의 메시지가 젊은이들에게 자신감을 불어넣어 준다면 중요한 공헌이고 의미 있는 작업이다.

그의 저서인 〈영적 강자의 조건〉이 나약해지기 쉬운 젊은이들에게 승리와 성공에 대한 중요한 지침을 준다면 〈지금 미래를 결정하라〉는 장래에 대한 비전을 보여 주고 확고한 신념을 갖도록 돕는다.

문제는 그가 이러한 목회적 관심을 풀어나가는 데 사용하는 비유와 성서에 접근하는 신학적 기준, 하나님께서 이 땅에서 사람들에게 주시고자 하는 진정한 복에 대해서는 불완전하거나 왜곡된, 신학적으로 포장했을 뿐인 현세에서의 출세론을 사용함으로써 그 본질과는 전혀 다른 형태로 나아가고 있다는 점이다. 이 시대에 좌절하지 않고 용기와 꿈과 비전을 가지고 살아야 한다는 것은 너무나 자명하다. 누구도 이러한 가치를 부인하지 않는다. 그러나 시장 논리에 좌우되는 험악한 생존 경쟁의 직업 전선에서 성서가 던지는 가장 중요한 메시지는 어떤 가치와 목표를 사명으로 품을 것인가의 도전일 것이다. 이런 당면한 과제 앞에서 전 목사는 도리어 시장의 논리 곧 현실이 요구하는 승패의 논리에 근거를 두고 그것을 그대로 받아들이는 형태로 젊은이들에게 현실적인 승리의 위상과 좌표를 그려 주고 있다.

오늘날 이 세상을 주도하는 소위 성공했다는 사람들, 승리자라는 사람들은 하나님께서 이 땅에 이루고자 하시는 선과 의에 대한 본질적 충성보다는 남보다 더 빨리, 더 강하고, 더 높게 자신의 위치를 굳히는 데 주력하는 사람들이 아닌가. 그러나 오히려, 바로 이들 때문에 더 많은 소외와 빈곤과 착취와 모순과 부당한 압박이 일어나고 있다. 이러한 현실을 어떻게 극복하고 하나님이 요구하시는 의를 실현할 것인가, 정의롭고 선하고 평등한 사랑과 평화의 공동체를 어떻게 만들어나갈 것인가. 전 목사에게서 이런 문제들에 대한 고뇌와 올바른 가치관에 대한 촉구와 격려는 찾아보기 어렵다.

이 세상에서는 패배자가 된다고 해도 진정 하나님께서 원하시는 하나님나라의 이상과 가치를 이루고자 최선을 다했다면, 그것이 결국 하나님나라 안에서 승리하는 자의 가장 소중한 모습이 아니겠는가. 그러한 점이 최대한 강조되고 부각되어야 하는데 전 목사의 메시지는 전혀 그렇지 못하다는 데 안타까움이 있다.

유리한 확률을 가지고 싸워라?

〈영적 강자의 조건〉은 신앙고백적 차원에서 성서 윤리적으로 적절한가 하는 의문을 던지게 한다. 전 목사는 미국의 거부 워렌 버핏의 일화를 들면서 성공하는 사람들은 확실하게 이길 수밖에 없는 일에 자신을 건다고 주장한다.

"워렌 버핏이 어떤 사장과 함께 골프를 치게 되었다. 그런데 같이 골프를 치던 사장이 그에게 내기 골프를 제안했다. '당신이 홀인원을 하면 내가 1만 달러를 주겠고, 만약 하지 못하면 당신은 내게 2달러만 내라.' 그런데 워렌 버핏은 일언지하에 이 제안을 거절했다. 왜 그런가? 단돈 2달러이지만, 희박한 확률에 기대하지 않겠다는 그의 소신 때문이다. 실패하는 사람은 대부분 희박한 확률에 인생을 거는 사람들이다. 성공하는 사람들을 보라. 그들은 항상 자기에게 유리한 확률을 가지고 싸운다. 이기는 자는 이기는 법을 안다."
(〈영적 강자의 조건〉, 4쪽)

여기서 그는 성공하는 사람들의 인생관과 자세를 거론하는데, 거부의 '골프 내기' 자체가 신앙적으로 제대로 된 비유가 될 수 있는가? 나중에 지적하겠지만, 〈지금 미래를 결정하라〉에서도 인재론과 관련해서 일제의 황군을 모델로 삼고 있다. 내용은 다르지만 기본적으로 어떤 형태로든 지위에 오른 사람을 선망의 대상으로 설정해 놓고 그들의 인생관과 승리관을 옳은 것이라고 전제하면서 출발하는 그의 방식은 심각한 문제가 있다.

여기서 '유리한 확률을 가지고 싸운다'는 명제를 생각해 보자. '유리한 확률'이란 세속에서 이길 가능성을 이야기하는 것인데, 기실 우리의 '십자가 신앙'이란 이길 가능성이 전혀 없는 현실 속에서도 하나님에 대한 굳은 신뢰를 가지고 자신을 던지는 것, 당장에는 실패처럼 보여도 궁극적인 승리를 향해 가는 믿음이 아닌가.

세상은 십자가에서 하나님의 마음이 처절하게 능욕당하는 것을 보았고, 모멸의 극단에 몰리는 것을 목격했다. 그것으로 하나님의 생명은 죽음의 힘 앞에서 더 이상 기운을 쓰지 못한다고 확신했다. 예수님을 따르는 이들은 십자가에서 도저히 신뢰

할 수 없는 인간의 배신을 보았고, 세상의 악함이 얼마나 강한지를 절감했으며 자신들의 능력이 세상을 바꿀 수 없음을 인정할 수밖에 없었다.

그러나 세상이 보지 못한 것은 그것이 끝이 아니라는 사실이었다. 십자가에서 하나님의 역사가 정지한 것이 아니었다. 도리어 그것이 진정한 출발이었다. 십자가 사건은 이 모든 사태에 대하여 순진해 빠져서 무지(無知)했던 하나님의 실패를 증언한 사건이 아니라, 이 모든 사태에도 불구하고 절망하거나 낙담하거나 지치지 않으시고 놀라운 생명력으로 언제나 새롭게 시작하시는 하나님의 사랑을 드러낸 축복의 사건이었다.

십자가는 세상 사람들이 좌절과 실패의 증거로 보았지만 우리에게는 부활과 승리의 길이다. '신앙의 위기'는 십자가 사건의 반쪽만 볼 때 온다. 그것으로 세상과 인간에 대하여 다 알아 버렸다고 단정하고 끝났다고 생각한다. 그러나 그것은 부활하신 예수님의 은혜에 대하여 아직 알지 못한 자의 무지이다. 세상의 속성을 잘 안다고 여기게 되면 하나님의 은혜에는 도리어 눈이 멀게 된다. 이러한 십자가 신앙에서 볼 때 유리한 확률을 기반으로 세속의 승리를 추구하는 것은 기독교 신앙과 반하는 일이다.

승리는 무엇이고 패배는 무엇인가

전 목사는 "한국교회 성도들이 패배에 익숙해지는 것이 안타깝다"고 지적하는데, 과연 승리는 무엇이고 패배는 무엇인가?

패배라는 것이 도전과 난관에 부딪치면 쉽게 물러나고 무너지는 패배주의를 말한다면 얘기가 될지 모르지만, 무엇을 향한 승리인지가 제대로 규명되지 않고서는 현세적 출세주의 논리에 빠지기 쉽다. 기독교 신앙 안에서의 승리라는 것은 세상의 승패와는 전혀 다른 기준과 목적을 가지고 있다. 사람들은 믿음에서 비롯된 일이 불신(不信)의 위기에 처하고, 소망을 쌓으려 했던 일이 절망의 깊이를 보는 일로 결말짓게 되면 이내 "이 세상에서 하나님나라의 의와 선이 이루어질까? 아, 안될 거야" 하며 인간에 대한 기대를 버리고 하나님의 역사를 믿지 않는데 이것이야말로 패배주의에 빠지는 일이다.

그는 교회 젊은이들에게 "집중하는 인생을 살라"고 하면서 '싱글 포커스(single focus)'라는 말을 사용한다. '집중하라'는 것은 나머지는 포기하고 자기의 에너지를 어떤 일에 최대한 하나로 모아서 성과를 거두라는 것이다. 우리의 에너지를 이리저리 분산하고 낭비하지 말고, 힘을 압축시키고 집중시켜야 진정한 결과를 얻을 수 있다는 것은 기술적으로 충분히 맞는 얘기이다. 그러나 이것이 신학화를 거친다면 다른 차원의 얘기가 필요하다. "무엇을 위한 집중이고 무엇을 위한 포기인가." 이것이 명확하게 지적되어야 한다.

여러 가지 현세적인 욕심과 목표를 좇는 세상 사람들에 동의하지 않고 하나님이 나에게 원하시는 선과 의, 소외된 사람들을 향한 헌신, 세상의 악과 맞서는 용기, 평화 등 기독교 신앙 안에서의 꿈과 이상을 추구하는, 마치 계란으로 바위 치기처럼 무망해 보이는 일이지만, 그 일에 관심을 갖고 최대한 영적 에너지를 쏟아 부을 때 집중하는 삶이 아름답고 가치 있다.

성서는 우리에게 "인생을 이렇게 살아야지"라는 지침 정도를 주는 것이 아니다. 가치관의 생명적 전환을 요구한다. 그러기에 하나의 초점으로 집중한다는 것은 이 세상을 향한 하나님의 선교적 관심에 자신을 철저하게 헌신하고 순종하는 일이다.

결혼, 현세의 유불리를 따져라?

전 목사는 결혼조차도 철저한 현세적 논리로 접근한다. 이 이야기는 〈영적 강자의 조건〉과 〈지금 미래를 결정하라〉에 반복해서 나오는 대목이다.

"요즘에는 자매들도 대개 네댓 명의 형제를 사귀다가 결혼합니다. 결혼하기 전까지 이렇게 여러 남자들과 교제하다가 그중 하나로 결정하는 것입니다. A, B, C, D 네 명의 남자가 있는데 심사숙고 끝에 A를 골랐다고 합시다. 그러나 B도 B 나름으로 장점이 있고 C도 C 나름으로 감칠맛이 있을 것입니다. D도 남 주기는 아깝겠지요. 그러나 결혼이라는 게 무엇입니까? 집중입니다. A에 집중한다는 것은 B, C, D를 포기한다는 의미입니다. 진짜 사랑은 하나에 집중하는 것이기 때문입니다. 주례를 맡다 보니 결혼식장에서 신부가 우는 경우를 종종 보게 되었습니다. 신부가 울면 친정아버지도 따라 웁니다. 하지만 저는 그 신부가 왜 우는지 속사정을 압니다. 다 그런 것은 아니겠지만, 결혼식 날 신부가 우는 것은 B, C, D가 아까워서 우는 것입니다. '그 아까운 놈들…' 하면서 웁니다. 그런데 친정아버지는 자기 때문에 우는 줄 알고 따라 울고, 주례자인 저는 기가 막혀서 웃습니다." (《영적 강자의 조건》, 49~50쪽, 〈미래를 결정하라〉, 52쪽)

그는 딸을 보내면서 느끼는 아버지의 사랑과 슬픔을 끌어안기는커녕 비아냥조로 딸의 눈물을 해석한다. 안타까운 사연을 깊이 이해하기보다 현세에서 유불리의 조건을 따져 하나를 택한다는 식의 접근은 가당치 않다.

역사에 대한 심각한 왜곡

역사를 어떻게 읽고 해석하는가, 이것은 인간의 삶에 대한 하나님의 시선을 이해하는 일에 매우 근본 되는 작업이다. 왜 그러한가 하면, 하나님은 인간의 역사에 개입하셔서 바르지 못한 권세의 질서를 뒤바꾸고 하나님나라의 의와 선을 이루고자 하시기 때문이다. 예언자 전통은 모두 이 역사의 불의에 대한 질타와 하나님나라의 원리에 의한 천명이라고 할 수 있다.

전병욱 목사는 말로는 "역사를 믿음으로 뒤집어 바로 세워야 한다"고 하는데, 그의 역사에 대한 지식과 이해는 놀라울 정도로 깊이가 얕고, 편견과 왜곡에 사로잡혀 있음을 발견하게 된다. 그는 믿음의 걸림돌이 '피상적인 지식'이라고 주장하지만, 이 말이야말로 자신에게 적용되는 원칙이 아닐 수 없다. 만일 그가 뒤집고자 하는 역사 자체에 대한 이해가 바로 서 있지 못하다면, 그가 바로 세우려는 것이 도리어 거꾸로 세우는 결과를 가져올 수도 있다는 점에서 이는 사뭇 위험한 대목이 아닐 수 없다. 전 목사의 역사관에 드러난 심각한 왜곡과 오도를 살펴보자.

> "우리나라의 선비 중 대표적으로 대원군이나 최익현처럼 옳은 소리만 하는 사람들이 나라를 다 말아먹었습니다. 옳은 소리는 했지만 나라 지킬 힘은 갖추지 못했습니다. 세상에 이런 바보가 어디 있습니까? 선비에게는 구호밖에 없습니다. 마지막으로 한다는 게 무엇입니까? '옥쇄(玉碎)'라고 그러죠? 장렬히 죽는 것입니다. 나라를 사랑했다고 하면서 자폭해 버리고 맙니다. 저는 이런 사람을 키워서는 안 된다고 생각합니다." (《영적 강자의 조건》, 263쪽)

과연 나라를 말아먹은 사람들이 대원군과 최익현 같은 사람들인가? 나라를 팔아먹고 말아먹은 사람들은 전혀 다른 종류의 사람이었다. 물론 한계는 있었으나 당시의 역사와 현실 앞에서 그들 나름대로 절박한 경각에 몰린 나라를 어떻게든 지켜 내기 위해서 고민했다는 것을 생각하고 가슴 아파해야 하는데, "힘도 없는 게 떠들기만 했다, 선비에게는 구호밖에 없다"고 얘기하는 것이다. 당시에 정작 의도적으로 악의적으로 나라를 팔아먹고 백성을 도탄에 빠뜨린 사람들이 누구인지 분명하지 않은가.

이런 식의 접근은 '실력이 없으니까 결국은 일제 식민지가 된 거지 어떻게 해, 별 수 없는 거 아니야'라는 식으로 진행될 수 있다. 그래서 결국은 해방 이후 친일파를 청산하는 과정에서 '그래도 실력 있는 사람들인데 살려 내야지 어떻게 해' 따위의 해괴한 논리가 등장하는 것이다. 하나님의 역사는 그 사람의 실력과 능력을 따지지 않는다. 그 사람의 가치관이 훨씬 더 중요하다. 의와 선을 좇느냐가 하나님의 판단 기준이다. 이것이 현실에서는 미약하게 보여도, 힘이 없고 약한 것 같아도 정작에는 큰 힘을 드러낸다.

우리가 아무리 준비를 잘하고 대단한 역량을 갖추어도 하나님이 지켜 주시지 않으면 '파수꾼의 경성함이 허사'가 되는 것이다. 하나님을 따르지 않고 사람을 앞세워 나가는 것은 문제라고 이야기하지만 실상은 인간적 처세와 인간적 비전을 길러 엘리트주의식 사고를 종용하고 있지 않은가.

우리가 잘 아는 겨자씨 비유는 세상의 욕망과는 근본적으로, 전격적으로 달리 살아가는 이들을 상징한다. 문제의 근원을 깨달은 이들의, 미미한 듯하나 마침내 거대한 역사를 이루는 그 놀라운 능력과 성취를 증언해 준다. 이들이 가지고 있는 생각과 믿음, 그리고 삶의 자세는 세상이 탐하는 영광이나 대세(大勢)와는 너무도 차이가 나기 때문에 영 현실성 없고 우스우며 미력(微力)하게만 여겨진다. 그러나 겨자씨와 같은 존재라도 하나님나라의 일을 도모하기 시작하면 그 끝은 이미 정해진 것이다.

이 비유는 하나님나라의 주체 세력은 과연 어떤 이들인가, 그들이 이루는 나라의 성품은 어떠한가를 밝혀 주고 있다. 문제의 근원을 깨달은 이들답게, 이들은 높은 곳을 탐욕스럽게 열망하지 않고 자신을 나누기 위한 낮은 곳을 향해 간다. 교만한 권세에 머리 숙이지 않으며, 겸손의 힘을 믿는다. 크지만 허세를 부리는 강자들의 위선을 꿰뚫어 보고, 작지만 열매가 있는 진실함을 귀히 여긴다. 화려함을 부러워하지 않으며, 소박함을 자랑한다. 이들은 부드럽고 따뜻한 온유함이 날카롭고 냉혹한 분노를 마침내 이긴다고 확신한다. 힘 있고 강한 자들의 목소리가 아니라 힘없고 약한 이들의 목소리가 되는 것이 축복과 영광임을 받아들인다. 혼자 자신을 내세워 명예를 차지하기보다는, 함께 손잡고 나가기를 기뻐한다. 하나님께서 원하시는 이러한 삶을 위협하고 파괴하려는 모든 악한 권세에 결코 굴복하지 않는다. 작다고 하여 덤벼드는 새들의 공격 앞에서 지레 겁먹고 자신의 생명과 그 생명의 가치를 포기하지 않는 것이다.

인재의 문제와 관련한 그의 역사적 시각을 살펴보자. 전 목사는 역사를 통해 인재의 중요성을 되새겨 보자면서 패망한 일본이 어떻게 급속한 부흥을 경험하게 되었는지, 그 가장 중요한 원인을 다음과 같이 언급한다.

"50~60년대부터 일본은 이미 세계 경영에 참여한 바 있는 인재들을 보유하고 있었다. 이 점이 중요하다. 2차 대전 당시 일본은 아시아를 대대적으로 침략했다. 미얀마, 싱가포르, 필리핀, 인도네시아 등지로 거침없이 들이닥쳤다. 일본군은 대위쯤 되는 위관급 장교라든지, 소령쯤 되는 영관급 장교들에게 식민지 행정을 맡겼다. 인도네시아를 통치하던 사람이 스물여덟 살이었고 싱가포르 사령관이 서른 살이었다. 스물여덟, 서른 된 청년이 한 나라를 통치한 것이다. 기간은 1년 혹은 2년, 길면 5년쯤 되었다. 패망한 일본은 잿더미에 올라앉았지만 인재만은 고스란히 남아 있었다. 그들은 스케일이 크고 세계를 보고 나라를 볼 줄 아는 안목을 가진 20대 젊은이들이었다. 폭넓은 시각을 가진 그들은 군사적 침략 전쟁 대신 무역 전쟁, 수출 전쟁의 일선에 나섰다. 영토가 아니라 무역을 잠식해 들어가면서 세계 경영권을 휘어잡은 것이다. 이것은 결국 인재가 성공의 관건임을 보여주는 좋은 예가 되었다." (〈지금 미래를 결정하라〉, 100~101쪽)

한마디로 기가 막히다. 침략 황군이 일본을 재건했다는 얘기이다. 사실, 미군이 일본에 대한 역사 청산을 하면서 과거에 식민지 제국주의 투쟁에 나섰던 세력들을 고스란히 보존했고 전후 일본의 중요한 주도 세력을 만들었다. 결국 일본이 과거의 흔적과 유산을 철저히 청산하지 못하는 원인을 제공했고, 그 까닭에 일본은 아직도 진실한 회개를 하지 못하고 여전히 망언을 하고 있다.

하기야 당시 지만원(사회발전시스템연구소 소장)이란 사람이 친일 청산 문제를 얘기하면서, "아무런 능력도 없는 병신들이 100년 전 일본에 점령됐을 때 '누가 머리 좋아 일본 육사 갔고, 누가 동경제대를 갔는지 조사한다'고 고래고래 소리 지른다"고 비난하면서 당시 관료를 지낸 사람들은 당대의 수재들이고 대단한 인물이라고 합리화하고 있다. 전 목사의 인재론은 지만원이 주장하는 개념과 하등 다를 바가 없다.

이런 식으로 생각하면 역사의 정기를 바로 세우는 작업은 요원해질 뿐만 아니라, 전 목사가 인재라고 부른 그들이 아시아의 힘없는 무수한 민중을 가혹하게 수탈하고 억압한 죄과를 완전히 은폐하고 마는 것이다.

끝으로 설교자로 성서에 접근하는 자세에 있어서 전병욱 목사의 경우 '진정성'의 문제가 있다고 하겠다. 전 목사는 성서 자체의 메시지를 파고드는 것이 아니라 성서를 자신의 지식을 옹호하고 정당화하려는 자료로 사용하는 경우가 비일비재하다.

2. 참으로 암담한 '오늘' : 전병욱 목사의 목회 재개에 담긴 문제

한때 청년들에게 존경하고 따르는 목사의 아이콘이었다가, 성 문제로 파문을 일으켰던 전병욱 목사가 다시 교회 개척에 나섬으로써 한국 교계에 중대한 논란을 가져오고 있다. 문제는 그가 이 사안에 대해 공개적으로 사죄하고 자숙하기보다는 사건 자체가 일어나 본 적도 없는 듯이 여기는 태도를 취하고 있다는 것이다. 뿐만 아니라, 그가 원래 시무하던 삼일교회에서 물러날 때 상당한 액수의 전별금을 챙겨 나갔다는 사실이 밝혀짐으로써 평신도들에게 충격을 주고 있다.

결국 전병욱 목사는 그의 설교 메시지가 담고 있는 문제를 넘어서서 한국교회의 '성과 권력, 그리고 돈' 문제에 대해 어떤 자세를 갖고 있는지를 적나라하게 보여주는 생생한 실례가 되고 있다. 이 세 가지 사안은 단지 윤리적 논란거리만이 아니라 한국 사회의 권력을 잡고 있는 세력이 몰두하거나 빠져 있는 현실이라는 점에서, 전병욱 문제를 풀어 나가는 것은 전병욱 개인에 한하는 것이 아니라 한국 사회 전반의 주류 권력의 문제 해결에 접근하는 일이기도 한 것이다. 이렇게 보자면, 전병욱 목사가 그동안 청년들에게 강조해 왔던 성공주의의 정체가 명확하게 밝혀진다.

그것은 전병욱 목사가 어떻게든 한국 사회의 권력 내지 주류의 중심에 진입하는 것을 성공으로 이해해 왔고, 그 과정에서 겪게 되는 스트레스가 성 중독이라는 방식으로 나타났다고 하는 것이다. 전 목사의 성취주의는 자신이 추구해야 할 가치에 대한 성찰보다는 맹목적 성취주의에 빠져들게 하고, 그로 인한 여러 가지 긴장과 심리적 압박을 성도착이라는 방식으로 돌파하려는 모습을 그 자신의 삶으로 입증했다고 하겠다. 아니었다면, 그는 그 자신이 성 문제에 대해 반복적으로 겪고 있는 상황에 대해 보다 근원적 성찰을 통해 삶의 전환을 가져오려 했거나 또는 목회를 그만두는 방식으로 그 책임을 지는 선택을 했어야 했을 것이다.

그런데 이러한 현실에 대해 한국교회가 도리어 침묵하거나 별다른 반응을 보이고 있지 않는 것 또한 보통 문제가 아니다. 그런 결단과 자세 변화의 기초 위에 전병욱 목사의 삶이 전개되기보다는 그와는 반대로 나가는 모습을 목격하고 있으면서도 이에 대해 정면으로 문제 삼거나 논란을 벌이지 않고 있는 것은 교계의 수치일 뿐만 아니라, 한국 사회 전반에 걸쳐 한국교회에 보내고 있는 경멸의 눈길에 대해서도 윤리적 민감성을 전혀 보이지 않는 상태를 드러냈다고 할 수 있다. 어찌 보면 한국 교계는 이미 너무 많이 이런 사안에 접해 있다 보니 전병욱 사건에 대해 발언하는 것은 '자기 구린 데가 있어 어쩌지 못하고 있는 셈'이나 마찬가지 아닌가 싶게 만들고 있는 것이다.

자 그렇다면, 이제 일단 그의 문제에 대한 논란을 결론짓기 이전에 그가 새로 개척한 교회에서 했다는 설교에는 어떤 내용이 담겨 있는지 살펴보기로 하자. 그는 지난 2012년 6월 3일부터 21일에 걸쳐 네 번의 설교를 했는데, 이것을 중심에 놓고 분석해 본다. 설교 분석의 각도는 그의 설교를 그대로 전병욱에게 돌려주는 방식이 된다. 설교가 교인에게 적용이 되어야 한다면, 설교자 자신에게도 적용되어야 하는 것은 마땅하다.

선명한 기준과 거침없는 삶?

첫 번째 설교문은 "선명한 기준과 거침없는 삶"이라는 제목으로 출애굽기 12장에서 13장에 걸친 설명과 함께, 12장 1~14절을 본문으로 삼고 있다. 여기서 그는 유월절에 대한 설명으로 그의 설교를 시작하고 있다.

"유월절이 언제냐. 1월 10일입니다. 1월 10일에 어린양을 취하고, 14일에 어린양을 잡고, 피를 문설주가 있는 방에 바르라는 얘기죠. 문설주는 문이 있을 때 세로 기둥을 문설주라고 하고, 가운데에 집어넣는 가로 지지대를 인방이라고 합니다. 피를 양쪽 기둥 문설주에 바르고, 가로 지지대인 인방에 발랐다는 것입니다. 그게 유월절이라는 것입니다.

12장 5~7절, '너희 어린 양은 흠 없고 일 년 된 수컷으로 하되 양이나 염소 중에서 취하고 이 달 열나흘 날까지 간직하였다가 해 질 때에 이스라엘 회중이 그 양을 잡고 그 피를 양을 먹을 집 좌우 문설주와 인방에 바르고.' 그 다음 할 일이 8~10절 '그 밤에 그 고기를 불에 구워 무교병과 쓴나물과 아울러 먹되 날것으로나 물에 삶아서 먹지 말고 머리와 다리와 내장을 다 불에 구워 먹고 아침까지 남겨두지 말며 아침까지 남은 것은 곧 불사르라.' 그 다음은 급히 먹으라는 거죠. 11절 '너희는 그것을 이렇게 먹을지니 허리에 띠를 띠고 발에 신을 신고 손에 지팡이를 잡고 급히 먹으라 이것이 여호와의 유월절이니라.' 왜 이런 명령을 내렸죠? 급하게 먹어라. 즉각적인 순종을 얘기하는 거죠."

여기서 주목되는 것은 "즉각적인 순종"을 그 메시지로 삼고 있다는 점이다. 이것은 사실상 즉각적인 순종이 아니라, 더는 과거에 미련을 두지 말고 즉시 새로운 삶으로 여정을 떠나라는 요구이다. 유월절은 이집트 제국의 압제로부터 해방되는 사건이며, 더는 제국의 시대에 마음을 두지 말고 과거를 청산하고 앞으로 나가라는 것이다. 따라서 여기서는 과거와의 깨끗한 단절이 핵심이다. 그러나 그는 그러한 언급보다는 즉각적 순종이라는 점에 초점을 맞춘다. 그런데 그는 이러한 그의 해설에 맞는 예를 이렇게 든다.

"옛날에 제가 일본 전산 이야기책을 소개한 적이 있습니다. 일본 전산이라는 회사가 있는데, 여기는 교토에 있는 회사입니다. 동경같이 수도가 아니기 때문에 인재들이 잘 올 수 없죠. 여기는 독특하게 인재를 뽑는 방법이 있습니다. 오래 달리기를 하는 겁니다. 오래 달리기를 잘 하면 투지력이 있다고 뽑고. 제일 인상적이었던 게 뭐냐. 밥 빨리 먹는 사람을 뽑았어요. 실제로 보니까 명문 대학을 나온 사람보다도 밥 빨리 먹는 사람이 회사 일을 훨씬 더 잘 하더라는 거예요. 다 맞는 건 아니지만, 저도 사람을 겪어 보니까 뭔가 일을 의욕적으로 잘하는 사람이 밥을 빨리 먹어요. 어느 분야에서 성공이 단지 좋은 건 아니겠지만, 부각을 나타내는 사람을 보면 밥을 느리게 먹는 사람들이 거의 없어요. 밥을 느리게 먹는 사람들의 특징은 건강해요. 건강한데, 회사가 망하죠. 이 이야기와 딱 맞는 건 아니겠지만, 급하게 먹으라는 얘기죠. 하나님의 말씀에 대해서 즉각적으로 순종하는 유목민적인 태도를 가지고 있으라는 의미라고 생각합니다. 하나님께서 명령하는 것을 머뭇거리지 않고 즉각적으로 순종하는 자세가 중요하다는 것이에요."

엉뚱하기 짝이 없다. 밥을 빨리 먹는 사람을 의욕적이라고 하고 밥 천천히 먹는 사람들은 회사를 망하게 하는 요인이자 그 책임을 져야 한다는 식이다. 그러나 일단 이걸 논리에 맞지도 않게 유목민적 태도를 지니라는 의미라고 수습한다. 다시 그의 결론은 순종이다. 그래서 그가 이러한 유월절 설교의 메시지가 어떻게 전개되어 나갈 것인지 우리는 짐작하게 된다. 아니나 다를까. 유월절의 메시지는 다음과 같이 정리되고 있다.

"첫째는 말씀이 기준이 되는 인생을 살아야 한다는 것입니다. 모든 것의 출발, 모든 것의 기준이 하나님의 말씀이 되어야 한다는 것입니다. 12장 1절을 보십시오. '여호와께서 애굽 땅에서 모세와 아론에게 일러 말씀하시되' 하나님의 말씀부터 모든 일이 시작되었죠. 이스라엘의 구원, 이스라엘의 출애굽, 이스라엘의 역사 다 하나님 말씀부터 시작했다는 것이에요. 그런데 많은 사람들은 하나님의 말씀을 기준으로 삼지 않고, 민심을 기준으로 삼을 때가 참 많다는 것입니다. 사람들의 의견, 동향 이런 거에 마음을 쓴다는 것이에요. 사실 사람들의 민심에 대해 제일 신경을 많이 쓴 사람이 누굽니까? 사울 아니에요. 다윗을 대적했던 사울 왕. 사울 왕의 판단 기준이 무엇입니까? 백성이 좋아한다면 하고 백성이 좋아하지 않는 것은 하지 않아요. 모든 기준이 하나님 말씀이 아니었고, 백성들의 민심이었다는 것이에요. 결국 어떻게 되었어요. 망했죠. 하나님께서 사울 왕을 가만 두지 않았습니다. 그럼 우리가 잊지 말아야 할 것이 무엇이냐. 민심에 대해 너무 예민한 건. 그건 하나님의 뜻을 행하는 하나님의 백성들이 그렇게 하는 것은 아니라는 것입니다. 여러분, 민심이 천심이다는 말을 우리나라 사람들이 좋아하는데, 그런 말처럼 웃기는 말이 없어요. 민심에도 죄성이 녹아 있다는 것을 잊지 마십시오."

결국 그는 하나님에 대한 순종을 거론하면서 민심을 공격하고 있다. 민심에는 죄성이 녹아 있다고 하면서 민심에 대해 죄로 인식하라고 말하고 있다. 그에게 이 민심의 의미가 무엇인지 우리는 너무나 잘 알고 있다. 민심에 예민하지 말라고 권고까지 하고 있다. 그런 기초 위에 선명한 기준을 정해서 살면 된다는 것이다.

"그런 의미에서 우리 교회가 할 사명이 무엇입니까? 명확하게 선을 그어 주는 것이에요. 하나님 말씀의 선을 그어 주는 거예요. 많은 성도들이 순종할 마음이 없다고 생각하지 않습니다. 근데 왜 순종이 안 되느냐. 명확한 기준이 없기 때문에 순종이 힘든 거예요. 명확한 하나님 말씀의 기준이 있으면 순종이 쉽습니다. 왜요. 선이 명확하니까. 선이 명확하면 주차도 쉬워. 선이 명확하면 살기도 쉽다고, 순종도 쉽다고. 그래서 필요한 게 뭐예요. 명확한 기준이에요. 선명한 기준이에요. 마귀가 제일 싫어하는 게 뭐냐면 선명한 말씀의 기준을 제시하는 거예요. 말씀 증거하는 것을 못하게 하려고 하고, 방해하려고 하고, 될 수 있으면 딴 거 하게 만들게 하고, 딴 데 신경쓰게 만들어요. 기준이 사라져 버리면 순종 자체가 정말 힘든 일이 되기 때문에 그렇습니다."

그 다음에는 뭘까?

"두 번째는 거침없는 삶을 살아야 한다는 것이에요. 하나님의 말씀에 대한 명확한 기준이 있는 사람은 거침없는 삶을 산다는 것입니다. 말씀에 대한 확신은 우리에게 거침없는 삶을 줘요. 모세를 보십시오. 모세가 바로 앞에 섰을 때 거침이 없잖아요. '내 백성을 보내라 그가 광야에서 하나님을 섬길 것이다.' 머뭇거림이 없죠? 거침없이 말했잖아요. 그리고 백성에게 하나님이 애굽 백성들에게 금은보화를 요구하라고 했어요. 거침없이 요구하잖아요.

12장 35절을 보십시오. '이스라엘 자손이 모세의 말대로 하여 애굽 사람들에게 은금 패물과 의복을 구하매.' 36절 '여호와께서 애굽 사람들에게 이스라엘 백성에게 은혜를 입히게 하사 그들이 구하는 대로 주게 하시므로 그들이 애굽 사람의 물품을 취하였더라.' 그러니까 머뭇거림 없이 거침없이 요구하잖아요. 구하라 그러면 주실 것이요. 찾으라 하면 찾을 것이요. 문을 두드리라 하면 열릴 것이다. 거침이 없잖아요. 고민과 주저함이 없어요. 말씀의 기준에 확신이 있기 때문에 주저함이 없다구요. 거침없는 인생을 산다는 것입니다."

결국 자신은 거침없는 삶을 살고 있다는 것인데, 그의 거침없음은 뻔뻔함이지 하나님의 말씀에 따른 순종과 그것이 결과하고 있는 거침없음은 아니지 않는가? 하지만 전병욱 목사는 자신의 행위를 이렇게 순종과 그에 토대를 둔 거침없는 삶으로 정당화시키고 있다. 이는 예수의 삶과도 연결되어 논의가 전개된다.

"예수님도 마찬가지지요. 요한복음 14장 6절을 보면 '나는 곧 길이요 진리요 생명이니 나로 말미암지 않고는 아버지께로 올 자가 없느니라.' 거침이 없잖아요. 하나님 말씀의 기준이 명확한 사람에게는 이렇게 머뭇거림이 없다고요. 사도행전에 보면 예수 그리스도의 복음을 증거할 때 관원들이 와서 말리죠. 못하게 하죠. 그때 베드로와 요한이 뭐라고 얘기합니까? 사도행전 4장 19절에 보니까 '베드로와 요한이 대답하여 가로되 하나님 앞에서 너희 말 듣는 것이 하나님 말씀을 듣는 것보다 옳은가 판단하라.' 거침이 없죠. 눈치 보는 게 없잖아요. 하나님 말씀을 증거하는 게 옳지, 내가 누구 말을 들어야겠냐. 거침이 없잖아요."

이 거침없음의 예를 든 것도 가당치 않다.

"남자 10명 정도 있는 방이 있다고 합시다. 그 방에 어떤 쥐 한 마리가 들어갔어요. 쥐가 살 확률이 높을까요, 죽을 확률이 높을까요? 제가 볼 때 살 확률이 높아요. 남자가 10명이 있으니까 20개의 발이 있다. 20개의 발이 내리찍을 때 밟히면 죽는다. 동시에 5명 정도의 남자가 스크럼을 짜 가지고 막으면 갈 길이 없다. 근데 쥐는 나갈 수 있는 구멍이 있잖아요. 저 옆에 구멍이 하나 있는데, 어떤 사람이 저 구멍을 막으면 나갈 길이 없다. 우두커니 앉아 가지고 분석하고 있으면 고민하는 중에 밟혀 죽어요. 제가 여러 번 물어보고, 시뮬레이션을 해 봤어요. 그랬더니 쥐가 죽을 확률이 5%밖에 안 돼요. 95% 살아요. 어떻게 하면 사냐. 그냥 뛰면 살아요. 딱 들어갔더니 남자 10명이네. 보는 순간에 그냥 뛰는 거예요. 남자들 그냥 도망쳐요. 징그러. 더러워. 쥐가 덤비는데 맞닥뜨릴 남자 있어요? 그게 쥐의 거침없음이에요. 많은 사람들은 생각할 때 한참 분석을 해. 분석하면 죽죠. 어떻게 살아요. 현실적으로 그냥 뛰면 살아요."

전병욱 사건을 알고 이 설교를 들으면, 그는 사람들의 발에 밟히지 않고 거침없이 냅다 뛴 쥐가 되는 셈이다. 이 설교가 역설적이게도 자기 모독인 것을 그는 알까? 문제 앞에서 겪게 되는 인간의 고뇌를 그는 다음과 같이 폄하한다.

"악한 마귀는 이게 싫어 가지고 어떻게 하느냐. 사람들을 위협하고, 고뇌하게 하고, 두려워하게 하고, 머뭇거리게 하고, 눈치 보게 하고, 안주하게 만들고. 율법주의가 그런 거 아니에요? 그 안에 머무르게 만들어서 아무것도 못하게 만든다는 거예요. 여러분 그런 것에서 벗어날 줄을 알아야 한다는 거예요."

결국 자신의 이야기가 나온다.

"저도 고난을 받고 어려워했기 때문에 어려움 당하는 사람의 특징은 위로를 원해요. 오늘도 은혜의 성령이 오셔서 평화와 위로를 달라고. 성령이 주시는 위로가 얼마나 중요한 거예요. 그러나 하나님께서 하시는 일이, 우리가 하나님 앞에서 원하는 일이 위로에만 머물러 있으면 되겠습니까? 그걸 넘어서는 우리의 사명이 있잖아요. 더 큰 일을 하는 것. 많은 성도들의 모습이 그럴 것 같아요. 너무 위로에만 익숙해 있고. 저도 사역자지만 많은 사역자들이 성도들의 그런 심령을 이해하고 너무 위로 쪽에만 초점을 많이 맞추는 것 같아. 위로가 분명히 필요해요. 근데 거기서 머무르면 안 되잖아요. 그다음에 어디로

가야 해요? 거침없이 사명을 향해 나아가야 돼요."

이제 우리는 이 설교의 목적이 무엇인지 분명히 알게 된다. 자신은 순종에 따른 명확한 기준 위에서 사명으로 목회를 재개하고 있다는 것이다.

분노하는 청년 세대의 돌파구?

두 번째 분석할 설교의 제목은 "분노하는 청년 세대의 돌파구"고 출애굽기 16장과 17장 1~7절에 걸친 것이며, 설교 본문은 16장 1~20절이다. 내용은 홍해를 건넌 다음 엘림 이후의 삶에 대한 이야기다.

"엘림을 떠나고 난 다음에 이스라엘 백성들에게 근본적인 두 가지 문제가 생겼습니다. 첫째는 먹을 것의 문제, 두 번째는 마실 것의 문제. 먹을 것의 문제가 출애굽기 16장이고, 마실 것의 문제가 17장 1~7절의 사건입니다. 식량 문제가 궁극적으로 신앙 문제로 연결되었습니다. 그래서 원망하게 되죠. 하나님께서 원망하는 이스라엘 백성들에게 채워 주심이라. 16장 4절 보십시오. '그때에 여호와께서 모세에게 이르시되 보라 내가 너희를 위하여 하늘에서 양식을 비같이 내리리니 백성이 나가서 일용할 것을 날마다 거둘 것이라.' 하나님이 만나로 채워 주심이라. 17장에 넘어가면 마실 물의 문제가 생깁니다. 이때는 이스라엘 백성들이 원망 정도가 아니라 폭동 분위기가 되었습니다. 그다음에 '하나님께서 살아 계십니다' 그러면 '물을 줘 봐라' 하는 태도의 문제가 있었습니다. 폭동의 분위기가 일어날 때 다툼이 일어났고, 또 하나님을 시험했습니다."

이렇게 이들 이스라엘 백성들이 직면한 문제를 해설하고 나서 그는 하나님을 시험하려 들지 말라고 한다.

"하나님이 제일 싫어하시는 게 시험하는 태도거든요. 그래서 그 장소를 두 가지로 이름을 불렀습니다. 첫째는 맛사라고 불렀습니다. 맛사는 시험이란 뜻입니다. 둘째는 므리바였고, 므리바는 다투기란 뜻입니다. 성경은 이 뜻과 이름이 엇갈려 나와서 혼동을 할 때가 참 많습니다. 출애굽기 17장 7절을 보십시오. '그가 그곳 이름을 맛사 또는 므리바라 불렀으니 이는 이스라엘 자손이 다투었음이요 또는 그들이 여호와를 시험하여 이르기를 여호와께서 우리 중에 계신가 안 계신가 하였음이더라.' 여기 순서를 보니까 맛사 그리고 므리바. 해석을 다투었다, 시험했다고 나오죠. 해석 순서는 뒤바뀌어야 합니다. 어쨌든 물 문제 때문에 하나님과 다퉜고, 하나님을 시험하는 사건이 이후에도 계속 나옵니다. 불순종의 대표적인 사건이 되어서 이후에도 반복적으로 나온다는 것입니다."

역점을 두는 대목은 역시 불순종의 문제다. 한국교회는 순종과 불순종의 문제에 이토록 집착한다. 문제는 어떤 가치에 순종할 것인가에 있는데 말이다. 결국 이러한 순종 논리는 교회 안에서 목사에 대한 순종 논리로 바뀌어 교권주의를 확장하고 있다는 사실을 우리는 명확히 인식할 필요가 있을 것이다. 전병욱 사건이 은폐되고 엄청난 전별금을 건네고 했던 이면에는 바로 이러한 교권주의에 따른 순종 논리가 작동하고 있었던 것을 직시해야 한다. 그는 앞에 든 대목 이후에 오아시스에 머물지 말고 가나안으로 가야 한다고 외친다. 그렇지 않으면 그것은 노예근성일 뿐이라는 것이다.

이 말은 옳다. 그러나 문제는 그가 무엇을 노예근성으로 이해하고 무엇을 자신의 정체성으로 파악하고 있는가에 있다. 그는 출애굽이 해방 사건이라는 인식이 전혀 없다. 노예근성이 문제일 뿐 노예 체제에 대한 반격과 저항, 그로부터의 탈출이라는 성서의 근본정신에 대한 언급은 부재한다. 노예근성을 청산하는 것은 당연히 중요하다. 그러나 그것은 그를 노예로 만든 체제, 제도, 기존 질서에 대한 부정까지 아울러 포함시켜야 하는 것이다. 하지만 그는 이것을 먼저의 설교와 마찬가지로 사명론으로 정리해 버리고 만다.

> "실질적으로 오아시스를 떠날 수 있는 힘이 어디서 나오느냐? 내가 누구인지 알아야 한다는 것이에요. 내 소명이 무엇인지, 내 사명이 무엇인지를 명확히 아는 것. 그래서 우리 성도들로 하여금 오아시스가 아니라 가나안을 향해서 뛰쳐나가게 하는 힘은 어디에 있느냐? 소명감을 깨우쳐 줘야 된다는 것입니다. 사명이 뭔지를 깨달아야 한다는 것이에요. 내가 누구인지를 알아야 한다

는 것입니다. 내가 누굽니까? 하나님의 백성이고, 가나안의 백성이고, 출애굽 해야 할 백성이라는 것이죠. 절대 거기 머물 백성이 아니라는 것입니다. 그래서 소명이 명확하고 내가 누구인지 명확하면 배고파도 흔들리지 않습니다. 목말라도 흔들리지 않는 거예요. 근데 소명이 확실하지 않으면 당장 내 삶의 불편함이 오지 않습니까? 배고픔이 있고 목마름이 있으면 흔들려 버리는 것이죠. 그래서 내가 누구인지를 명확히 알면 삶이 명료해집니다. 여러분, 삶이 명료합니까? 인생에 명료함이 있습니까?"

이렇게 말하고 나서 역시 하나의 유형처럼 자신의 이야기를 꺼낸다.

"가끔 저를 너무 사랑하는 분들이 그런 얘기를 해요. 전병욱 목사는 이런 부분만 좀 보완하면 좋겠다. 맞는 얘기죠. 겸손하게 들어야겠죠. 심방도 좀 잘했으면 좋겠고, 더 인자했으면 좋겠고, 덕이 넘쳤으면 좋겠고, 어린아이들도 잘 품어 줬으면 좋겠고, 울어도 신경 안 쓰고 설교를 잘해 줬으면 좋겠고. 다 좋지요. 겸손하게 들어야 한다고 생각합니다. 그러나 놓치지 말아야 할 것은 뭐냐면 하나님께서 내게 주신 모습이 있거든요. 제가 옛날에 강점으로 일하라는 표현을 많이 썼죠. 그걸 놓치면 그건 어리석은 일이라는 것이에요. 다 갖출 수 없습니다. 그런 거 잘하는 분들이 계세요. 그분들이 감당해야 될 것이거든요. 사과로 부르심을 받았으면 사과 열매를 맺으면 되고, 오렌지로 부르심을 받았으면 오렌지를 맺으면 되는 거예요. 하나님께서 각 사람에게 각각의 역할을 맡기셨다고요. 그걸 감당하면 된다는 것입니다."

결국 자신은 생긴 대로 살겠다는 것이다. 그래서 사명감으로 교회 개척을 한 것이고 자신은 부르심 받은 대로 하고 있는데 다른 말 말라는 것 아닌가?

결론 지점으로 가면서 그는 설교 제목에 있는 '분노'에 대해 말한다. 이 시대의 핵심 단어가 분노라고 여러 가지 예를 들어 설명한 이후, 그는 이 분노가 무기력으로 빠져드는 원인이라고 강조한다.

"저는 목회할 때 이 자리에 모여 있는 분노의 문제들을 풀어야 한다고 생각합니다. 그게 지금 21세기 한국 땅에서 우리가 풀어야 할 문제예요. 이게 바로 만나의 문제고, 마실 물의 문제라고요. 시험의 내용이 이거예요. 분노. 한번 물어보겠습니다. 분노를 통해서 문제가 해결되나요? 이스라엘 백성들 분노해 있잖아요. 원망하고 다퉜다. 그게 뭐예요. 분노예요. 분노. 모세를 돌멩이로 쳐서 죽이라고 했잖아요. 분노가 해결되었어요? 이스라엘 백성이 속듯이 우리도 속고 있는 거예요. 악한 마귀는 우리에게 분노를 일으켜 놔요. 뿌리가 마귀인 것은 우리를 분노케 만들어요. 분노해야 망하거든요. 분노해야 무기력에 빠지거든요. 분노해야 아무것도 이루지 못하거든요. 분노해야 하나님의 뜻을 저버리거든요."

오늘날 한국 사회에 분노가 들끓고 있는 것은 그것으로 문제를 해결하려는 것 이전에, 분노해야 할 일들이 많이 생겨나고 있고 그것이 동력이 되어 새로운 단계로 나가자는 것이다. 그걸 전병욱 목사는 악마의 간계라고 규정하고 있다. 여기에는 매우 교묘한 심리적 논리가 숨어 있다. 자신의 행위에 대한 분노까지 포함해서 마귀의 작동이라고 되받아치려는 것 아닌가? 분노해야 할 일에 분노하지 않고 있는 것, 그것은 정말 문제가 아닌가? 예수께서 분노할 일에 분노하셨고 슬퍼할 일에 슬퍼하셨지 않은가? 분노 자체가 마치 죄인 것처럼 몰아가고 있는 것은 바로 이러한 부정의에 대한 격분조차 통제하려는 것 아니겠는가? 그의 결론은 참으로 어이가 없게 끝난다.

> "분노의 뿌리가 뭐라고요? 분노하는 사람들 보세요. 살짝 한 꺼풀 벗겨 보면 허영심이 있어요. 무제한적인 욕망. 여러분, 욕망이 없으면 분노할 것도 없잖아요? 왜 분노해요? 욕망이라니까요. 욕망이 있지, 욕심이 있지, 그것은 절대 얘기하지 않아요. 자기는 알지만 덮어 놓고 있거든요. 거기부터 깨야 한다는 것이에요. 하나님 말씀 앞에 자기 자신의 욕망, 허영심 다 내려놓고 오직 십자가의 의만이 있기를 원합니다. 하나님의 뜻이 이뤄지길 원합니다. 이게 참된 성도의 모습이에요. 오늘도 분노심 때문에 잠 못 이루고, 화가 나서 못 견디는 분들이 있지 않습니까? 오늘 예수 그리스도 십자가 앞에 허영심을 내려놓아야 합니다. 삶의 욕심들을 내려놓아야 합니다."

오늘날 한국 사회가 분노하는 것은 욕심 때문이 아니라 공의로움이 사라지고 있기 때문이며, 욕심이 있는 자들이 도리어 분노하지 않고 부당한 기존 질서에 영합하고 있지 않는가? 이것이 보이지 않는다면, 그야말로 자신의 욕심 때문에 "정의가 강처럼 흐르게 하라"는 하나님의 말씀이 들리지 않는 것이 아니겠는가? 전병욱 목사의 일에 분노하는 사람들조차 이러한 설교 앞에서는 마귀의 자식이 되고 만다.

잘못된 결정은 즉각 돌이키라?

세 번째 분석 대상인 설교의 제목은 "잘못된 결정은 즉각 돌이키라"이며, 본문은 사무엘상 21장 10~15절이다. 여기서 그는 마주 싸워야 할 '대적'에 대한 이야기를 펼친다.

"이스라엘 백성들에게 늘 블레셋과 같은 대적이 있었는데, 우리도 마찬가지란 말이에요. 우리 삶 가운데 블레셋이 있다는 것입니다. 대적이 있다는 것입니다. 왜요? 늘 하나님이 함께하시기 때문에요. 늘 하나님께서 함께하는 것을 체험하기 위해서는 늘 대적과 싸움을 벌여야 한다는 것입니다. 그래서 우리는 예수를 잘 믿으면 늘 하나님이 함께하기 때문에 만사형통하리라. 그것도 있죠. 승리한다는 것도 맞는 거지만, 아무 싸움도 없다는 것은 맞지 않다는 것입니다. 대적이 있습니다. 여러분 생각해 보세요. 사업을 할 때 사업을 크게 하면 크게 할수록 대적이 많아지죠. 속도가 빨라지면 저항도 강해지는 거죠. 자전거를 탈 때도 마찬가지예요. 한 15km로 타면 저항이 별로 없어요. 그런데 40km로 갈 때 제일 큰 영향이 뭔지 아십니까? 바람이에요. 맞바람이나 뒤에서 불어 주는 바람이냐에 따라서 저항력이 다르게 느껴지거든요.

우리는 하나님의 강력한 힘으로 전진하는 백성들 아닙니까? 그렇다면 강력한 마귀의 대적도 있겠죠. 그러나 하나님이 도와주시는 힘이 더 강력하다는 것입니다. 잊지 마십시오. 이스라엘에 늘 함께하는 대적, 블레셋이 있었던 것과 마찬가지로 우리에게도 늘 하나님께서 함께하시기 때문에 늘 대적이 있다고 하는 것. 그런데 하나님의 능력을 의지하면 대적을 언제나 승리할 수 있다는 것입니다. 주님과 함께하는 것으로 말미암아 승리하는 믿음의 종 되기를 바랍니다."

그에게 대적은 무엇이며 누구일까? 당연히 그의 삶과 목회 재개에 대해 비판을 하는 여론일 것이다. 이렇게 구도를 잡으면, 자신은 이스라엘이고 그를 비판하는 세력은 블레셋이 된다. 그런데 그 자신은 하나님의 능력을 의지하면 대적을 꺾을 수 있다고 여길 수도 있으니 이 얼마나 위험하고 독선적인 논리인가?

이어 그는 다윗의 예를 들어, 사명감 논리를 펼친다. 대적 앞에서 다윗의 깨우침에 대한 이야기다.

"다윗은 어떤 생각을 했습니까? 왕이 사울에게 핍박받아서 도망 다니고 있다. 어떻게 살까? 어떻게 목숨을 부지할까? 그 생각밖에 못했던 것 같아요. 자기 사명이 뭔지, 자기가 하나님께 받은 어떤 특별한 위치가 무엇인지 순간적으로 망각해 버렸던 것 같아요. 그래서 막 도망치다가 대적의 입을 통해서 깨닫게 된 거죠. 그 땅의 왕 다윗. 하나님의 기름 부으심이 생각났겠죠? 자기 사명이 생각났겠죠? 내가 해야 할 일이 무엇인지를 명확히 깨닫게 되는 것 아닙니까?"

목사의 모든 설교는 다 자신의 삶과 깊이 연계되어 있다. 특히 전병욱 목사의 경우처럼 논란의 대상이 되고 있을 때 설교는 그런 논란을 정리하고 자신을 정당화시키는 역할을 하게 마련이다. 설교가 설교자의 삶에도 적용이 되어야 한다고 보았을 때 이 설교의 핵심은 "다윗은 어떤 생각을 했습니까? 왕이 사울에게 핍박받아서 도망 다니고 있다. 어떻게 살까? 어떻게 목숨을 부지할까? 그 생각밖에 못했던 것 같아요. 자기 사명이 뭔지, 자기가 하나님께 받은 어떤 특별한 위치가 무엇인지 순간적으로 망각해 버렸던 것 같아요"에 있다. 말하자면 전병욱의 '신앙 간증'인 셈이다. 성추행과 파문으로 교회와 세상으로부터 쫓겨나고 있을 때 그는 자신의 사명감으로 복귀하게 되었다는 것이다. 일체의 반성과 성찰이 없다. 그런데 자신은 잘못된 결정에서 돌아섰다는 것이다. 사명감을 느꼈으니까.

"다윗이 사명을 잃어버리고 엉뚱하게 살겠다고 뛰었던 길, 잘못된 결정이었죠?" 그러니 자신의 목회 재개는 잘한 결정이 된다.

이어지는 이야기는 이렇다.

"잘못된 결정을 내렸으면 자존심을 내려놓고서라도 하나님의 사명의 길로 돌아가야죠. 무슨 비난을 받고, 욕을 먹는다 할지라도, 내가 얼마나 부끄러운 일을 당한다 할지라도 사명이 있다면 그 길을 가는 게 올바른 것이 아니 겠습니까?"

모두 자신의 이야기다. 그리고 신앙과 성서로 포장되어 있는 자기 합리화다. 전병욱에 대한 비판이 쏟아지고 있는 현실에서 이를 이해하는 틀을 그는 교인들에게 제시하고 있는 셈이다.

"오늘 말씀은 두 가지 내용입니다. 늘 하나님이 함께하는, 택한 백성입니다. 그래서 늘 대적이 있습니다. 이상히 여기지 말라는 거에요. 대적을 이기는 방법이 뭐에요. 늘 하나님이 함께하는 것을 더 붙들고 나가면 대적은 항상 지게 되어 있어요. 언제 블레셋이 주인공이 되는 거 봤어요? 이스라엘에게 깨지는 거죠. 늘 함께하시는 하나님, 늘 함께하면 되죠. 그래서 성도입니다. 그래서 승리를 맛보고, 세상에서 영광을 누린다는 거에요. 또 한 가지 중요한 것. 잘못된 결정을 내릴 수 있습니다. 안주하다가 잘못된 결정을 내려요. 깨닫는 그 순간 우리 아이덴티티, 그 땅의 사명자 누구누구, 그 땅의 사명자 홍대새교회, 자기의 아이덴티티를 깨닫는 그 순간에 아무리 수치스럽고 부끄러운 일이 있더라도 대가를 치르면서 사명으로 돌아가게 될 때 하나님이 기뻐하신다는 것입니다. 오늘도 잘못된 결정이 있을 때 다시 주의 말씀으로 돌아갈 수 있는 믿음의 신실한 종 되길 바랍니다."

결국 그 순간에 아무리 수치스럽고 부끄러운 일이 있더라도 대가를 치른다는 것이다. 자신은 전혀 잘못된 결정을 한 것이 아니라 사명감에 불타는 믿음의 신실한 종이라는 것이다. 전병욱 목사가 자신의 잘못된 결정에서 즉각 돌이키기를 바란다.

확신과 책임감을 가지고 리더가 되라?

마지막으로 분석할 설교의 제목은 "확신과 책임감을 가지고 리더가 되라"이며, 본문은 사무엘상 22장 20~23절이다. 내용은 사울에게 쫓기는 다윗에 대한 것으로 확신과 책임감 있는 지도자로 다윗을 꼽는다.

"핵심 포인트는 이것입니다. 아비아달 한 사람이 도망쳐서 다윗에게로 왔을 때 다윗이 아비아달을 품으면서 했던 말입니다. 22장 23절입니다. '두려워하지 말고 내게 있으라 내 생명을 찾는 자가 네 생명도 찾는 자니 네가 나와 함께 있으면 안전하리라 하니라.' 이 말을 듣는 순간에 저는 그런 생각이 들었습니다. '쳇, 자기 주제에, 주제 파악을 못하네.' 다윗 자기도 도망치는 주제에 무슨 허풍이냐. 좋게 생각해도 이게 무슨 배짱이냐. 그렇죠. 자기도 지금 위기에 놓이지 않았습니까? 그런데 도망치는 아비아달을 향해서 네가 나와 함께 있으면 안전할 줄 알라고 말합니다. 큰 소리 빵빵 치잖아요. 도대체 이게 무엇인가? 곰곰이 생각해보면 바로 이런 모습이 다윗이 지도자가 되었던 이유라고 말할 수 있다는 것입니다.

오늘 첫 번째 주제가 이것입니다. 확신이 지도자를 만난 것입니다. 22장 2절을 보니까 '환난 당한 모든 자와 빚진 모든 자와 마음이 원통한 자가 다 그에게로 모였고 그는 그들의 우두머리가 되었는데 그와 함께 한 자가 사백 명가

량이었더라.' 영어 성경을 보니까 'he became their leader' 우두머리, 리더가 되었습니다. 어떻게 리더가 되었습니까? 확신과 믿음이 있었기 때문에 그렇다는 거예요."

또 자신의 이야기로 돌아간다.

"저도 교회에서 리더 아닙니까? 지도자로서 여러 가지 일을 겪다 보면 힘든 일들이 많이 있습니다. 가장 힘든 일이 뭘까 생각해 보았습니다. 어떤 때는 건강이 악화되는 것, 과도한 스트레스를 받는 것, 또 환경적인 어려움에 직면하는 것 힘든 일입니다. 그런데 힘든 일 가운데 가장 어려운 일, 악한 마귀의 공격에 대해서 가장 압박감을 느낄 때가 언제냐면, 나의 확신을 뒤흔들어 버릴 때. 하나님의 일을 하는 것, 밤을 지새워 가면서 기도하고, 많은 일들을 하고 불철주야 뛰어다니는 것 어렵지 않습니다. 그렇게 힘들지 않습니다. 견딜 만해요. 진짜 힘든 일이 뭔지 아십니까? 나의 확신을 밑바닥부터 뒤흔들어 버릴 때, 그때가 제일 힘들다는 거예요. 성도님들도 마찬가지 아닙니까? 일을 많이 해서 힘든 겁니까? 그게 아니죠. 확신이 흔들릴 때. 믿음이 흔들릴 때. 그때가 가장 힘들 때란 것입니다."

전병욱은 사울에게 쫓기는 다윗인가? 그렇다면 말이 될 수도 있다. 하지만 어디 그런가? 그가 다윗처럼 아둘람 굴에서 기존 질서에 패하고 밀려난 이들과 함께하다가 핍박받은 적이 있는가? 전혀 그렇지 않지 않은가? 그렇다면 그에게 필요한 확신이란 도대체 뭔가?

"사람들은 언제 모이는지 아십니까? 확신이 있는 곳에 모여요. 확신이 없을 때 다 흩어져 버린다는 것입니다. 또 어떤 때는 경제적인 자원이 몰려들 수도 있는 것이고, 어떤 때는 기운이 모일 때가 있어요. 리더는 확신을 보는 것입니다. 확신이 리더를 만든다는 것입니다. 확신이 리더를 만든다는 것을 보여주는 대표적인 구절이 또 있어요. 시편 3편을 보면 확신이 흔들릴 때의 모습, 그리고 확신이 있을 때 승리하는 모습을 잘 묘사하고 있습니다. 시편 3편 1절입니다. '여호와여 나의 대적이 어찌 그리 많은지요. 일어나 나를 치는 자가 많으니이다.' 대적들이 하는 일이 뭔가를 보십시오. 2절 보시면, '많은 사람이 나를 대적하여 말하기를 그는 하나님께 구원을 받지 못한다 하나이다.' 핵심이 뭐예요. 확신을 뒤흔드는 거죠. 우리 주변에 있는 사람들이 뭐라고 하든지 간에 말 자체가 중요한 게 아니라 슬슬 얘기하면서 공격하는 핵심이 뭐냐면 확신이 흔들리기를 원하는 거예요. 그래서 불안하게 만들고, 의심하게 만들고. 그게 마귀의 목적이라는 것입니다. 근데 다윗이 뭐라고 고백을 해요. '주는 나의 방패시요 나의 영광이시요. 나의 머리를 드시는 자이시니이다.' 영광의 찬송을 올리고, 그 다음에 하는 일이 기도거든요."

전병욱 목사의 문제에 대하여 비판을 제기하는 이들은 그의 확신을 뒤흔드는 사울이 되고 만다. 이걸 그의 목회 재개에 적용해 보면 그는 사명감에 따라 행동하는 지도자이며, 확신을 가지고 세간의 비난에 아무런 대응도 하지 않고 가겠다는 것이다.

3. 전병욱 목사 설교의 어제와 오늘

"자신만만하잖아요? 얼마나 재미있는 표현을 합니까? 주께서 나의 모든 원수의 뺨을 치시며. 귀싸대기를 때린다는 것이에요. 얼마나 기분이 좋아요. 상상만 해도 시원하죠. 하나님 손이 또 얼마나 큰 손이에요. 귀싸대기를 때려가지고 한 번 맞을 때마다 코피가 탁탁 튀기고. 그 다음에 더 통쾌한 게 뭐에요. 악인의 이를 꺾으셨나이다. 마취도 안 하고 이를 꺾어버렸다. 생각할 때마다 잠이 번쩍번쩍 깨 버리죠? 그러면서 구원은 하나님께 있는데 주님께서 내게 복을 주셨기 때문에 내게 오는 사람들이 다 복을 받는다는 거예요. 나한테 붙으면 승리한다는 거예요. 나한테 줄 서, 그 얘기죠. 나한테 줄 서면 승리한다는 거예요. 이런 확신. 기도를 통해서 온다는 거지요."

자신은 하나님 편에 줄 서 있고 그를 비판하는 이들은 그 반대편이 된다. 매사가 이렇다. 그러니 그에게 반성과 성찰, 회개와 변화를 기대하는 것은 애초부터 불가능한 일이 되고 있다. 하나님이 자신의 편이라고 확신하고 있는 '지도자'를 어떻게 변화시킬 수 있을까? 확신이 있기만 하면 지도자가 된다고 하는데, 그는 바로 이 억지 논리에 따른 자기 세뇌로 목회 재개를 하고 있는 것은 아닐까 하는 생각이 들 정도다. 그리고 세간의 비난에 대해서도 확신을 가지고 자신을 따르라는 식이 되고 있으니 그의 목회 재개는 확신과 책임감의 소산이 된다.

확신 문제에 이어 그의 책임론은 이렇다.

"리더가 있으면 따르는 자들이 있을 게 아니에요. 따르는 사람들의 운명에 대해서 책임져야 된다는 거에요. 다윗의 리더십의 핵심이 바로 여기에 있었다는 것입니다. 다윗을 따르는 사람들이 있었죠? 아둘람 굴에서 400명, 나중에 또 600명으로 늘어납니다. 점점 더 늘어나요. 다윗을 따르는 사람들에 대해서 아둘람 아카데미라고 그러죠. 아둘람 공동체에 있었던 사람들 가운데 수치스럽거나 비참하게 끝난 사람들이 거의 없었어요. 거기 오는 사람들이 어떤 사람들이었어요? 원통한 사람, 빚진 사람들, 고난당한 사람들, 약한 사람들이 모여 있잖아요? 그런데 그들이 나중에 그 안에서 요압 장군, 아비 장군 기라성 같은 이스라엘 장군이 나와요. 모두 평균보다 나은 인생을 살았고, 자기 자신에게 주어진 여건보다 훨씬 더 영광스러운 인생을 살았다는 것입니다. 그 이유가 뭐에요. 다윗이 온 백성들에 대해서 책임을 졌다는 거에요. 저는 아둘람 공동체를 바라보면서 이런 생각을 했어요. 홍대새교회에도 많은 성도들이 모이지 않았습니까? 저는 이걸 놓고 기도하고 있어요. 적어도 이 개척 교회에 오신 분들, 나중에 이런 고백을 해야죠. 내 일생일대에 최고 잘한 결정이 뭐냐? 홍대새교회에 간 것이다. 그런 결정이 나와야죠. 그런 책임감이 있어요. 그것도 없다고 그러면 내가 죽어야죠. 전병욱 목사 나가 죽어야죠. 내 인생에 가장 영광스러운 일이 홍대새교회 첫 번째 특별 새벽 기도에 나갔던 거다, 그런 게 있어야죠. 그런 게 없다고 그러면 생명 걸고서라도 기도하고 하나님께 부르짖고 그런 결과를 나오게 만들어야 하는 게 지도자 아니겠습니까? 책임감이에요, 책임감."

그는 다윗이 되겠다는 것이다. 그것도 아둘람 굴의 다윗. 그런데 아둘람 굴의 다윗은 정의가 사라진 현실과 싸우다가 몰려나간 존재로서 아둘람 굴을 지휘하고 있었지, 전병욱처럼 성추문에 쫓겨 나간 것이 아니다. 가치의 문제는 삭제하고 목회 재개를 확신과 책임감의 차원으로 돌려대고 있는 그의 설교는 그래서 매우 위험하고 문제가 많다. 교인들은 확신이 아니라 목사의 세뇌에 빠져들고 있는 것이다. 그렇다면 세간의 비판에 대해 그는 교회적 차원에서 어떻게 대응하려고 하고 있을까?

"우리가 어떤 직분을 맡는다거나 리더가 된다는 것은 책임지는 겁니다. 전도사님들도 세워졌고, 교사들도 세워졌죠. 홍대새교회의 모든 영적 지도자, 크고 작은 지도자들, 진장부터 시작해서 간사와 리더, 다 이런 책임감으로 똘똘 뭉치는 사람이 되길 원합니다. 그래서 맡겨진 것에 대해서는 살려내고야 말아야 돼요. 우리 교회 자체도 마찬가지죠. 교회 이름에 대학교 이름 붙는 데가 있나. 홍대새교회. 적어도 홍대를 책임지겠다는 것 아니에요? 그거 아니면 정말 얼굴이 붉어지겠죠. 부끄러운 교회가 될 거에요. 해산해야 될 교회라고 생각합니다. 하나님 앞에서 능력 있게 쓰임 받는 하나님의 종이 되길 바랍니다."

설교의 핵심은 간단하다. 확신과 책임감 있는 지도자 전병욱을 중심으로 "똘똘 뭉치라"는 것이다. 참으로 암담하다.

3. 맺는 말

전병욱 목사의 목회 재개는 그의 성추행 파문으로 끝났던 일이 얼마나 깊고 깊은 병을 교회 안으로 다시 끌어들이고 있는지를 보여주는 생생한 예가 되고 있다. 우리가 더욱 고뇌하게 되는 것은 전병욱 사건이 교회 안의 성추행과 성폭력을 넘어서서 그걸 합리화하고 교인들을 오도하는 일로 번지고 있다는 점이다.

우리가 전병욱 사건을 성추행 파문으로 규정짓는 것과 함께 그것을 넘어선 차원까지 이를 성찰하고 비판해야 할 이유가 바로 여기에 있다. 전병욱 사건은 한국교회의 탈성서, 성서 오도, 설교의 비루함, 교권주의에 기인한 것이라는 점을 직시하지 못하면 우리는 이 사안에 대한 명료한 결론과 대응을 마련하기 어려울 것이다.

출교나
면직이나
복귀나

황영익

목사 · 교회2.0목회자운동 실행위원

1. 들어가는 말

전병욱 목사 사건은 한 목회자 개인의 사사로운 문제가 아니라 한국교회의 공적 문제다. 이 사건은 개인의 프라이버시 영역이 아니라 그리스도의 몸 전체의 문제며, 실족한 한 목회자의 범죄와 도덕성을 드러내는 추문 차원을 넘어 한국교회의 윤리적 현주소를 보여주는 수치스러운 단면이라고 할 수 있다. 전병욱 사건을 다양한 시각에서 조명할 수 있지만 우선은 교회의 본질과 관련하여 해석하고 평가해야 한다. 전병욱 목사의 성범죄와 교회 개척의 복귀극은 한국교회의 총체적 위기와 무기력함을 그대로 노출시키며 우리로 하여금 목회자의 목회자 됨과 교회의 교회 됨에 대해 근본적으로 각성하도록 경종을 울려 주고 있다.

목회자의 성적 탈선이나 실족과 관련된 문제는 목회윤리학에서 비중 있게 다루는 주제이다.[1] 중도 탈락한 목회자의 상당수가 바로 이 문제와 관련되어 있다고 알려져 있다. 영적 지도자들을 중도에서 탈락시켜 그들의 성공적인 마무리(Finishing Well)를 가로막는 대표적인 요소는 목회자의 금전 문제와 성 문

---

1) 이상운은 그의 책 〈목회학〉에서 목회자의 윤리 중 '목사와 이성'을 다루고 있으며, 게이로드 노이스는 그의 책 〈목회 윤리〉에서 이성에 대한 '목회적 돌봄과 상담, 교인과의 성적인 접촉, 성직자의 간음과 이혼'을 별도의 장으로 구별하여 다루었다. 맹용길은 〈목회 윤리〉에서 목회 윤리의 문제들; 명예, 성, 돈'을 마지막 장에서 별도로 다루고 있다. 이에 대한 책은 참고 자료 목록을 보라.

제다.[2] 목회자의 지도력과 역량 부족, 행정적 실수, 인격상의 미숙함이나 성격상의 문제가 때때로 목회에 지장을 주기도 하지만, 금전 문제와 성 문제에 관한 범죄의 경우는 지도자의 신뢰 상실과 목회 중단으로 직접 이어지는 치명적인 죄악이다. 외국이나 한국이나 이런 죄악과 실수로 목회 현장에서 탈락하고 사라진 목회자 수가 결코 적지 않은 것이 현실이다. 단편적으로 보면 전병욱 사건은 인간의 연약함에서 기인한 목회자의 실족 사건의 하나에 불과하다고 볼 수도 있다. 그러나 한국교회에서 이 사건은 그 어떠한 성직자의 실족 사건과 비교할 수 없는 전대미문의 이슈가 되고 있다는 점을 주목해야 한다.

전병욱 목사 사건이 한국교회 최대 이슈가 된 것은 그가 전병욱 목사이기 때문이다. 그는 유창한 독설 설교로 청중을 장악하는 스타 목사일 뿐 아니라 한국교회의 미래를 대표할 차세대 지도자 중 한 사람으로 인식되었던 목회자였다. 게다가 그는 젊은이 사역을 하면서 성적 순결과 거룩을 목 놓아 설교하며 청교도적 설교자로 행세하였다. 그를 나타내는 대표적 키워드는 '거룩'과 '부흥'과 '파워'였다. 그의 유명세와 성공 스토리는 스타를 필요로 하는 출판 마케팅이나 기독교 언론의 비즈니스와 밀접

---

[2] Robert Clinton은 영적 지도자의 성공적인 마무리(Finishing Well)를 가로막는 여섯 가지 장애물로 1. 금전 문제 2. 권력의 남용 3. 교만 4. 성 문제 5. 가족 문제 6. 현실 안주를 언급하였다. J. Robert Clinton, Leadership Perspectives. CA; Barnabas Publishers, 1993. p.93. Wayde Goodall 역시 그의 책 〈지도자의 넘어짐과 회복〉에서 왜 위대한 사람들이 넘어지는가? 라는 질문에 대한 14가지의 분석에 성적인 유혹을 중요한 부분으로 다루고 있다. 웨이드 굿델 저, 이명희 역, 〈지도자의 넘어짐과 회복〉. 서울; 순전한 나드, 2008, pp. 85~104

한 관련이 있지만 그는 분명 한국에서 가장 유명한 목회자였다. 그 누구도 그에게 한국교회 대표성을 부여하지는 않았지만 그의 유명세와 인지도는 그를 한국교회를 대표하는 목회자 중의 한 사람으로 인식하게 만들었다. 그래서 그의 성범죄는 한국교회와 사회에 큰 파장을 일으켰고, 지금도 그의 복귀극으로 여진의 파장이 지속되고 있으며, 앞으로도 예측할 수 없는 대폭발의 조짐을 안고 있다고 할 수 있다.

2. 전병욱 목사 성범죄의 윤리적·교회법적 문제

간음 및 성추행은 하나님 앞에서 범죄다. 그 어떠한 경우에도 이에 대한 성경의 계시는 명확하다.[3] 이는 불건전한 성욕에서 출발한 것으로 건강한 가족 관계를 깨뜨리고 자기중심적이며 종종 타인을 조종하거나 지배하거나 해치는 행위로 나타난다.[4] 그것이 사회 법정으로 가거나 유죄로 판결나지 않더라도 하나님의 계명은 그러한 행위를 무죄로 선언하지 않는다. 특히 교인을 대상으로 이를 행하는 것은 도덕적으로도 용인될 수 없는 일이다. 충동적 우발적 실수라고 할지라도 쉬 용납될 수 없으며, 때로는 유혹에 넘어져 간통이나 불륜을 행하였더라도 교

---

3) Stassen, Glen H., Gushee, David P., Kingdom Ethics. Illinois; IVP. 2003, p.295
4) 게리 콜린스 저, 피현희 외 역, 〈크리스챤 카운슬링〉. 서울; 도서출판 두란노, 1997, p.395

회는 면죄부를 주지 않는다. 특히 강제 추행이나 성폭행은 강제성이 있다는 면에서 쌍방 합의에 의한 불륜이나 일종의 거래인 매춘과 다른 차원의 중한 범죄로 여겨지고 있다. 특히 교회는 결혼에 있어서의 정절을 강조하고 가르치며 결혼과 가정을 세우는 일을 주요 사역으로 한다는 면에서[5] 목회자의 실족과 교인 성추행은 일반인이나 사회 지도자의 성범죄와 다른 의미가 있으며 이는 교회의 정절과 교회의 거룩성의 문제와 관련되는 일이라고 할 수 있다.

전병욱 목사의 실족은 다른 일반적인 성범죄와 다른 특성과 심각성이 있다. 현재 삼일교회 당회의 발표문과 평양노회에 올린 면직 청원서에 담긴 사례들 및 언론 보도에 기초하면 그의 행위는 마땅히 사회법적으로 심판을 받아야 할 심각한 수준의 성추행 범죄이다. 그리고 윤리적으로 교회법적으로 도저히 용인할 수 없는 범죄의 질적 양적 심각성이 드러났다고 할 수 있다.

1) 교인들을 대상으로 한 성범죄

목회자의 성적 실족은 흔히 교인들을 대상으로 이루어지는 경향이 있다. 그러나 그것이 화간이나 불륜과 달리 불특정 다수 교인을 대상으로 성추행을 일삼는 성범죄일 경우 이는 전혀 다

---

[5] 리처드 포스터 저, 김영호 역. 《돈 섹스 권력》. 서울; 두란노, 2005, pp.184~187

른 사안이다. 이는 피해자의 자유로운 의사와 무관하게 행해지는 강제적인 행위이다. 그리고 그것이 성직자라는 권위와 지위를 이용한 위력에 의한 추행이라는 면에서 그 기만성과 강제성의 요소를 고려하여야 한다. 특히 한 사례의 경우, 그 일이 교회 안에서, 집무실에서, 그리고 새벽 기도회를 마친 직후 행하여졌다는 면에서 목회자의 가장 기본적인 양심과 목회적 자질이 도마 위에 오르고 있다. 비유컨대, 예수 그리스도의 목장에서 양을 돌보고 보호하기 위해 위임받는 목자인 줄 알았는데, 목자의 탈을 쓴 늑대로 드러나는 형국이다. 교인을 대상으로 한 성범죄는 단순한 육체적 가해(Physical Injure)가 아니라 정신적·영적 학대(Spiritual Abuse)에 해당되며, 피해자의 신앙과 인격 그리고 전 인생에 상상을 초월하는 치명적인 영향을 미치게 된다. 피해자 개인에게 미치는 영적 해악은 이루 말로 다 표현할 수 없다. 그리고 범죄가 드러나든 드러나지 않든 목회자와 교회에 미치는 보이지 않는 영적 해악 역시 깊고 치명적이다.

2) 상습성과 다수 피해자

인간은 누구나 연약하여 실수할 수 있다. 유혹을 당하여 어쩌다 단회적인 실수를 한 경우 그것이 쉽게 드러나지도 않지만, 스스로 깨닫고 돌이키는 참회를 통한 변화의 여지가 있다. 하지만 장기간에 걸쳐 다수의 여성을 대상으로 비슷한 유형의 성희롱과 성추행 등 범죄를 일삼는다면 이는 전혀 다른 문제다. 삼일교회 당회의 발표문에는 '다수의 피해자 제보가 접수된 상황'이라고 언급하였고, 평양노회에 올린 삼일교회 교인들의 면직 청원서에는 8인의 피해자 관련 증언이 증거로 제출되었으며, '전병욱 진실을 말한다' 카페에서 여러 제보와 피해자 지인들의 증언들이 축적되고 있다. 하나님은 자비로우셔서 인간의 웬만한 실수와 죄악은 덮어주시지만 썩어 문드러져 더 이상 회개와 변화의 여지가 없을 때 문제를 터뜨리신다고 한다. 곪은 종기가 터져 나오고 말기 암으로 종양들이 몸 밖으로 드러나는 것과 같은 이치이다. 우발적인 일탈이나 단회적 실수가 아니라면 전병욱 사건은 근본적으로 재조명되어야 하며, 성추행이 2009년 피해자 사건으로만 알려지고 처리된 그 동안의 모든 대응과 치리는 새로운 사실관계 자료에 근거하여 재점검되어야 할 것이다. 여죄가 드러나면 그 범죄를 별도로 수사하고 다루는 것이 법의 정신이요 공의의 기본 원리이기 때문이다.

3) 정직의 문제

사건이 노출되자 가해자는 교인들 앞과 교회 장로들과 담당 변호사에게조차 성추행 사실을 부인한 것으로 알려져 있다. 또한 피해자의 증언록과 삼일교회 내의 증언자들에 의하면, 그는 리더 모임에서 성추행 소문이 "사실이면 내가 목회를 그만두겠다"고 공언했다고 한다. 이는 강한 어조의 어법으로 범죄를 부인하는 표현이었다고 보여진다. 하지만 그는 두 가지 거짓말을 하고야 말았다. 그 범죄가 사실로 드러나 성추행 사실을 부인한 그의 말이 거짓임이 드러났고, 목회를 그만두겠다고 하고서 은밀한 활동을 거쳐 공개적인 개척으로 목회에 복귀함으로 자신의 거짓말을 완성시키고 있다. 미국 전 대통령 클린턴이 르윈스키 스캔들로 큰 궁지에 몰린 것은 그가 르윈스키와 은밀한 행동을 하였기 때문이 아니라 그가 거짓 증언을 하고 국민을 속였기 때문이라고 한다. 서양 문화든 한국 문화든 거짓말을 하는 것은 지도자로서 도저히 용납할 수 없는 것이다.

또한 피해자가 '이단 여자'라는 논리는 가장 거짓된 진실의 왜곡이다. 이러한 덮어씌우기는 흔히 증거가 명확하고 범죄를 더 이상 부인할 수 없는 상황에서 가해 목회자가 흔히 사용하는 방법이다. 피해자를 가해자로 둔갑시키고 오히려 목회자가 이단에 의해 희생당한 피해자라는 논리가 사건 초기에 삼일교회 내에 만연한 일은 정직의 문제와 관련하여 반드시 지적되어야 할 사실이다. 또한 진위를 가려야 하겠지만 삼일교회 당회가 주장하는 바에 따르면 전병욱 목사는 당회와 '2년 목회 금지와 수도권 개척 금지' 약속을 했음에도 불구하고 문서상으로 이루어진 약속이 없다며, 이를 부인한 점 역시 그의 신뢰도와 정직성을 심각하게 훼손하고 있다고 할 수 있다.

4) 공공연한 복귀 이벤트

성적으로 실족한 대부분의 목회자는 자신의 행위가 드러나면 신속하게 사임하고 잠적을 하는 특징이 있다. 일반적인 유형은 다음과 같다. ① 즉각 사임한다. ② 교회를 떠나서 사라진다. ③ 오랫동안 잠적하여 행적을 알 수 없다. ④ 목회를 그만두거나 일정 기간이 지난 후 은밀히 목회를 다시 시작하기도 한다. 목회를 다시 시작하는 경우에도 전혀 다른 지역에서나 외국에서 은밀히 시작하는 경우가 대부분이고, 상당수는 다른 교단으로 옮기거나 독립 교회 형식으로 신분을 세탁하여 교회 개척을 한다. 성적 실족이나 불륜이 널리 알려지고 사임한 경우 동일 교단 내 다른 교회로 청빙을 받는 경우는 거의 없다. 교회 당회에서 파장을 최소화하기 위해 사건이 교인들에게 알려지기 전에 자진 사임 형식으로 사임하는 경우 소리 소문 없이 다른 교회로 청빙을 받는 경우가 있기는 하다.

이에 비해 전병욱 목사는 전혀 다른 행동 유형을 보이고 있다. 은거 기간이 매우 짧은데다가 은밀하고 겸손한 개척이 아니라 공개적인 개척을 감행하고 있다. 그의 복귀와 개척은 그 공공연함과 공개성, 홈페이지를 오픈하는 대범성, 설교를 인터넷 TV에 올리는 등 공격적인 개척 마케팅의 양상을 띠고 있다는 면에서 만인을 경악하게 하고 있다. 그의 회개 여부와 그 진정성이 언제나 도마 위에 올랐다. 그는 피해자들에게 진정성 있는 사과를 일체 하지 않았으며, 교인 앞에서의 공개적인 참회와 사과 역시 없었다. 2010년 11월 사과문에도 범죄 사실에 대한 명시적 자백이나 피해자에 대한 사과의 표현은 전혀 없고 '언젠가 다시 돌아오리라'는 암시가 담긴 모호한 표현을 담고 있다. 많은 이들이 그는 적절한 회개의 기간이나 회복의 과정을 전혀 보내지 않았다고 입을 모아 단언한다.[6]

또한 한국교회와 네티즌들이 그의 개척에 대해 적극 반대하는 이유도 범죄의 실체가 충격적이라는 점도 있지만, 그가 진정 뉘우치고 회개하는 자라면 이렇게 공공연한 방식으로 한국교회를 욕보이며 개척을 하지 않으리라는 상식적인 판단 때문이다. 피해자들이 받을 상처나 한국교회에 미칠 선교적 역작용, 한국교회의 도덕적 수준에 대한 사회적 비난과 조롱을 아랑곳하지 않고 공개적인 개척 이벤트를 하는 현상에 대해 기독교인들은 분노를 넘어 절망감을 느끼고 있다. 단언컨대 범죄한 목회자가 회개와 회복의 열매가 없이 개척에 뛰어드는 것은 그야말로 오만이요 회개함이 없는 완악함이자 교회의 거룩성을 멸시함이요, 거짓된 회복에의 추구이며 교인들과 만인에 대한 눈속임수이며, 거짓된 부흥에의 추구라고 할 것이다.

---

6) 손봉호 교수는 "회개가 철저해야 한다"고 지적하며 그 철저성의 정도에 대해서는 "사람들이 저 사람의 회개는 충분하다"고 인정할 만큼이라고 말했다. 또한 전병욱 목사의 회개 및 자숙 기간은 "아무리 철저히 회개했어도 너무 짧다"고 지적하며 그의 성범죄 사실이 "단순 실수가 아니라 상당히 고의적인 것으로 드러났는데도 그렇게 짧은 시간에 회개했다고 말하는 것은 입발림이다"고 일축하였다. 〈뉴스앤조이〉, "전병욱 회개한 증거 없다" 2012. 5. 28. 또한 박영돈 교수는 "전 목사는 더 지체하지 말고 피해자들에게, 삼일교회 교인들에게, 그리고 한국교회 앞에 깊이 사죄하며 진심으로 회개하는 모습을 보여야 한다"고 권면하며 그가 지금이라도 진정성을 지닌 회개를 해야 함을 강조하고 있다. 박영돈, "너무 일찍 돌아온 전병욱", 〈뉴스앤조이〉, 2012. 6. 1

5) 개척의 비윤리성

 복음은 교회 개척(Church Planting)의 과정을 통해 확산된다. 하지만 전병욱 목사의 개척 스토리는 복음적 성경적 과정과 거리가 멀다. 엄밀하게 말하자면 전병욱 목사를 따르는 교인들이 주축을 이룬 전병욱 그룹의 교회화라고 할 수 있으며, 순수한 개척이라기보다 전병욱 목사의 복귀 무대이며, 순전한 Church Planting이 아니라 이미 형성된 자기 세력의 Implanting이라고 보아야 한다. 그리고 삼일교회와 지근거리인 홍대에서 개척을 하는 행위나 후임목사 청빙 시점에 맞춘 타이밍, 삼일교회 교인들과 리더를 빼어가고자 하는 시도 등 전반적인 개척 콘셉트는 목회 윤리적으로 용납할 수 없는 도덕적 저급성을 보여주고 신학적으로 양도둑질(Stealing Sheep)이라고 평가받을 수밖에 없다. 그리고 해석 여부에 따라 삼일교회로부터 '불법으로 교회를 분립하는 행동'으로 볼 수도 있다.[7]

 물론 아무 것도 모르고 이 개척에 순수한 마음으로 참가하는 이들의 마음을 폄하해서는 안 될 것이다. 그러나 진정으로 그리스도 교회의 거룩성과 합당한 교회 개척의 조건을 인식하고 그 참여 행위를 중단하여야 할 것이다. 사실 이 개척으로 이루어지는 교회는 타락한 목회자가 병든 교회 문화의 자궁을 통해 낳는 한국교회의 사생아가 될지도 모른다.

---

7) 대한예수교장로회총회(합동) 헌법, 권징 조례, 제42조

ⓒ배민경

3. 교회의 권징과 목회자 치리

권징은 교회를 거룩하게 하시는 하나님의 사역이다. 죄와 죄를 범한 사람을 다루는 사역인 권징을 신실하게 실행하지 않을 경우 교회의 거룩성과 순결함은 그 근저에서 붕괴된다. 종교개혁자 칼뱅은 참된 교회의 3대 표지로 '말씀의 신실한 선포, 성례의 온전한 집행, 권징의 온전한 실행'을 언급하였다. 칼뱅의 신학 전통을 따르는 장로교와 전병욱 목사가 소속한 평양노회 역시 '권징'을 교회의 본질적 요소라고 고백하고 있다. 권징 부재는 교회 됨의 포기요, 권징 실종은 교회 본질의 상실이자 교회 권위 실종에 다름 아니다. 권징의 요체는 하나님의 법을 어기고 범죄한 자를 권면하고 징계하고 교정함으로써 교회의 거룩성을 보전하고, 교인들로 하여금 죄악에 대한 경각심을 갖게 하고, 죄인을 회개케 함으로 회복시키는 것이다. 안타깝게도 전병욱 사건과 관련하여 삼일교회와 평양노회, 한국교회 지도자들이 취한 행동은 무책임과 권징의 실종으로 일관된 교회 됨의 부정과 도덕적 해이 현상을 그대로 노출하고 있다.

1) 삼일교회의 대응

2010년 여름 전병욱 목사의 성추행이 알려지자 삼일교회는 '설교 금지 3개월'이라는 가벼운 조치를 내렸다. 이는 한편 징계로 볼 수 있을 법하나 사실 담임목사의 복귀를 전제로 한 형식적 징계였다. 사건의 실체나 진상에 비해 매우 미약한 조치였을 뿐 아니라 이 징계 기간에 담임목사가 안식년을 보낸다고 덧칠을 하는 결정적인 대실수를 범한다. 이는 위장 안식년 논쟁을 초래하였고, 그 징계의 순수성을 근본적으로 무의미하게 만들어 버렸다. 당회원들이 사건의 실체를 구체적으로 파악하게 된 12월, 교회는 전 목사를 사임 조치함으로써 문제가 일단락되었다. 삼일교회는 전 목사에게 13억이 넘는 전별금을 지급하였으며, 상호 구두 약속한 바에 기초하여 2011년 4월 평양노회에 '2년 목회 금지, 수도권 개척 금지'를 청원하였다고 알려져 있다.

외형적으로 보면 삼일교회는 전 목사에 대해 일정한 징계를 행하고, 노회에 징계적 결의를 이끌어 내고자 한 것처럼 보인다. 그러나 사실 이는 올바른 권징의 정신과 방법에 따른 것이라고 하기는 곤란하다. 모든 조치가 파문을 최소화하고 교회를 보호하기 위한 대응으로 일관한 것으로 보이기 때문이다. 교인들이 받은 상처와 동요 상태, 사회적 비판 여론에 직면한 최악의 교회 위기 상황에서 '위기관리'를 우선하느라 권징을 적절히 실행하지 못하였다고 할 수 있다.

특히 사건 초기부터 사건을 은폐 축소하고자 한 일, 피해자를 이단으로 몰아붙인 여론, 네티즌의 글 차단 행위, 교역자·진장들이 교회 내 비판의 목소리를 억압한 행위, 삼일교회 법조선교회에 의해 자행된 네티즌에 대한 고소와 피해자에 대한 고소 압력과 입막음 행위 등은 삼일교회가 역사적으로 바로잡고 공식적으로 사과하여야 할 일로 판단된다.

2) 평양노회의 대응

장로교 목사의 소속은 노회다. 노회는 목사와 관련된 제반 사항을 결정하는 합법적 권위를 지닌 조직이다. 대한예수교장로회 총회 헌법은 노회의 존재 목적을 "교회 도리의 순전을 보전하며, 권징을 동일하게 하며, 신앙상 지식과 도리를 합심하여 발휘하며, 배도함과 부도덕을 금지한다"고 천명하고 있다.[8] 그러나 평양노회는 무대응과 소극적인 조치로 일관하며 일체의 사건 조사나 징계를 행하지 않았다. 노회의 존재 목적이자 사명인 '권징'과 '대도함과 부도덕함을 금지'하는 책임을 방기하고 있는 것이다.

2011년 4월 평양노회는 전병욱 목사의 삼일교회 사임을 수락하였다. 그러나 삼일교회 당회가 제출한 청원, 즉 전 목사의 '2년 이내 목회 금지와 목회 복귀 시 수도권 내 목회 금지에 대한 청원'을 통과시킨 이후, 절차상 하자를 들어 그 결정을 취소하였다. 사임을 수락하는 것은 죄악과 부덕함에 대한 징계가 아니라 사건을 무마시키는 행위에 불과한 조치 수준이었다. 즉 자진 사임을 수락하며 사태를 봉합하는 조치였던 것이다. 게다가 2년 목회 금지와 수도권 개척 금지 결의를 취소함으로 전 목사의 조기 복귀와 서울 지역 개척의 여지를 남겨 두었고 그의 복귀를 제도적으로 보호해 주었다.

목사의 권징을 위해 노회가 즉각 개입할 수밖에 없는 상황이란 것이 있다. 전병욱 목사 사건의 경우 소속 교회인 삼일교회 내의 징계, 본인의 사실 시인(공개 사과), 언론 보도, 분명한 증거물의 존재 등의 요소로 보아 노회가 신속하고 엄정하게 전병

---

8) 대한예수교장로회총회 헌법, 정치 제10장 노회, 제1조 노회의 요의

욱 목사 사건을 다루어야 했다. 교회의 갈등 문제나 미묘한 사안에 대해 정치적·행정적 조치로 다룰 문제가 아니라 '권징 조례'에 의한 시벌을 행하여야 할 사안이었다. 그러나 평양노회는 일체의 시벌을 행하지 않음으로 전병욱 목사 사건을 범죄 문제로 다루지 않고 교회법에 따른 권징도 회피해 버렸다. 임원회의 의제로 다루어 조사처리위원회를 소집하거나 재판국을 열어 처리하여야 마땅했다. 아니면 노회원들이 문제를 제기하여 고소 혹은 고발을 통해 교회의 거룩성을 보전하려는 노력을 해야 했었다.[9]

평양노회는 현재 성범죄자를 목사로 용인하고 노회원으로 존속시키고 있으며, 징계를 유보하며 노회의 본질적 직무를 유기하고 있다. 게다가 전병욱 목사가 개척하는 홍대새교회는 '대한예수교장로회 새교회'라는 공식 명칭으로 그 소속을 천명하고 있으며, 평양노회 소속 목사가 노회에 공식적인 개척 허락을 받지 않고 개척을 이미 추진하고 있다. 평양노회는 그 교회가 노회에 가입이 되지도 않았는데 행정적 지도나 조치를 올바르게 행하지 않고 있다. 목회자 범죄 문제를 처리하는 사안의 중요성과 신중함이 있다고 할지라도 전체적으로 평양노회가 현재 전

---

9) 평양노회의 조치는 강용석 의원 성희롱 발언 사건과 관련한 정치권의 조치에 비교하면 현격히 대비되는 소극적인 조치였다. 한나라당은 그의 당적을 제명하였고, 국회 법사위와 국회 윤리위는 이를 공식 징계 안으로 다루어 국회의원직 면직을 추진하였다. 단순한 성희롱 발언을 한 지도자에 대한 조치가 그 정도였다면, 상습 성추행에 대한 거룩한 교회의 조치가 어떠해야 하는지는 더 이상 언급할 필요도 없을 것이다.

병욱 목사를 목사이자 노회원으로 용인하고 있으며 합당한 권징을 회피하고 있다는 것은 엄연한 사실이다. 이는 목회자 세계에 만연한 정서, 즉 '목회자가 동료 목회자를 징계하거나 면직시켜서는 안 된다'는 온정주의와 교단 내 정치적 이해관계와 입김에 흔들리는 총회의 무기력함에 기인한다.

한국 장로교에서 총회와 노회는 교단 내 계파 혹은 정파의 이해관계에 의해 좌우되는 구조다. 특히 대형 교회와 관련된 사안의 경우 계파의 이해관계가 극명하게 얽혀 정치적으로 처리되는 경우가 많다. 복잡한 관계와 인맥 구조를 거쳐 소수의 계파 보스간의 합의나 계파 간 상호작용에 의해 중요 의사 결정이 이루어지는 것이 현실이다. 정치가 법을 잡아먹고, 교회법이 교회 정치의 도구로 이용되는 비극이 한국교회에 만연한 것이다. 범죄의 문제를 법이 아니라 정치로 해결하면 한국교회가 어떻게 될 것인가?

그동안 평양노회에서 전병욱 목사 건이 소극적으로 처리되고 무죄방면하다시피 대응한 것은 이 문제를 정치적으로 해결하려는 분위기가 우세하였으며 동시에 합동 교단과 노회 내에 전병욱 목사 비호 세력이 존재한다는 것을 방증한다. 특히 합동 교단의 경우 전 목사가 주로 소속되어 주로 활동한 교회 갱신 그룹이 오히려 전 목사를 보호하려는 행보를 보이고 있어 한국교회에 적잖은 충격을 주고 있다. 이는 고 옥한흠 목사를 중심으로 시작된 합동 교단 내의 교회 갱신 운동이 스스로 '교회 갱신'

이라는 자기 가치를 부정하는 역사적 아이러니가 아닐 수 없다. 교회 갱신 운동이 교권을 지향하는 파벌 운동이나 이권 집단이 아니라면 예외 없이 자기 사람의 범죄에 대해서 분명한 태도를 취하여야 할 것이다.

3) 한국교회 지도자들의 대응

한미준, 코스타(KOSTA)는 전병욱 목사가 활동하는 단체들이며 이들 단체의 지도자들은 그의 멘토이자 동역자들이었다. 그들은 그야말로 복음주의권에서 한국교회를 대변하고 대표하는 지도자로 공히 인식되었다. 그러나 한국교회의 지도자들은 전병욱 목사 사건과 관련하여 그 어떠한 공개적인 개입이나 입장을 표방하지 않았다. 애초에 그들은 전병욱 목사를 비공개적으로 면담하고 적절한 징계의 필요성을 언급하고 회복 과정을 지도하고자 한 것으로 알려져 있다. "전병욱 목사도 살리고 교회도 살리고 피해자도 살린다"는 원칙 아래 '교회 앞에서의 공개 사죄와 치료 이후의 복귀'라는 과정을 제시하였다. 이는 받아들여지지 않았다. 사안 자체가 민감하고 파장이 적지 않은 것이어서 비공개적적으로 활동한 것이라고 쉬 이해할 수 있다.

한국교회 지도자들은 그 이후 침묵으로 일관하였다. 그리고 그 어떠한 사후 조치를 행하지 않음으로 책임성 있는 태도를 보이지 않고 있다. 적어도 소속 단체에서 제명을 하고 이를 공지하는 정도의 조치를 행하는 것이 그 단체들의 성격상 당연한 것이었다. 전체적으로 한국교회 지도자들은 비공식적 권면으로 개입을 마무리함으로써 전병욱 목사를 용인하고 방치하였다. 그들은 성경적 절차에 따라 적절한 권면을 행하고 범죄자가 이를 회피하고 받아들이지 않을 경우 '이방인처럼 여기라'는 성경의 원칙을 아직도 실행하지 않고 있다. '권'은 있었으나 '징'은 없었으며, 개입의 흔적은 남겼으나 책임성 있는 조치는 전혀 행하지 않았다. 추가적인 범죄 사실들이 드러나고 있고 한국교회를 떠들썩하게 하는 공개 개척이 자행되는 현재의 상황 속에서도 이들의 침묵이 언제까지 이어질 것인가 하는 것은 매우 중요하다. 전병욱 사건을 처리하는 그들의 입장과 방식에 따라 그 천명하는 교회 갱신 정신의 진정성과 한국국회에 대한 책임성과 지도력이 드러날 것이기 때문이다. 현재 한국교회 지도자들은 비공개적 소극적 대응으로 일관함으로써 사실상 전병욱 목사를 보호하고 그 개척 행보를 묵인해 주고 있다고 해석되는 형국이다.

이상에서 살펴본 바와 같이 전병욱 목사는 어떠한 징계나 권징도 받지 않았으며 현재 평양노회 소속 목사로서 서울 지역에서 교회를 개척했다. 이러한 제반 과정은 한국교회의 권징의 실종 현상과 범죄자를 처리하는 자정 능력의 부재를 반증한다. 교사와 교수, 공무원들과 직장인, 그리고 정치인들이 가벼운 성추행과 성희롱적 발언만으로도 징계를 당하는 사회에서 한국교회는 도덕적 내비게이션이 전혀 작동되지 않고 있으며, 사회적 상식으로도 용인할 수 없는 저급한 종교적·도덕적 수준을 노출하고 있다. 한국교회의 이러한 무원칙·무기력의 배경 속에서 전 목사의 오만한 복귀 개척 스토리가 자행되고 있는 것이다.

4. 향후 대응 방안, 한국교회 도덕성의 실험대

전병욱 목사 사건 처리 문제는 한국교회의 도덕성과 자정 능력을 점검하는 실험대와 같은 역사적 의미를 지니고 있다. 또한 한국교회의 공공성과 대사회적 이미지, 그리고 복음 전도에도 밀접하게 영향을 미치는 사안이다. 현 시점에서는 단지 한 사람의 개인적 회개의 문제로 처리되어야 할 사안도 아니며, 소속 노회의 판단에 따라 모든 것이 해결되고 종식될 성격의 일도 아니다. 현재 전병욱 목사의 범죄 처리와 개척에 대해 몇 가지 수준의 의견들이 담론으로 제시되고 있다.

1) 법적 무죄론

개척 그룹의 입장으로서 전병욱 목사는 '윤리적으로는 문제가 될지 모르지만 법적으로는 문제가 되지 않는다'는 논리이다. 그리고 그는 '목회직을 수행하기에 전혀 하자가 없다'고 단언한다. 나아가 피해자들이 '전 목사를 사임시키기 위해 피해 사실을 과장하고 있다'고 주장한다. 나아가 그는 대형 교회를 사임하는

피해를 감수하였으므로 충분히 징계를 받았고, 그의 개척은 청년을 복음화하기 위한 것이므로 정당하다는 입장이다.

사회법에 의해 유죄 판결을 받지 않는 이상 죄가 없으면 문제가 되지 않는다는 주장은 범죄자를 공공연하게 옹호하는 거짓된 주장이다. 그렇다면 십계명도 교회법도 나아가 성경조차 필요하지 않을 것이다.[10] 교회의 권징은 도덕적인 면과 영적인 면에 대한 것이며 국법상의 징벌이 아니다. 교회법은 사회법에서 전혀 문제가 되지 않는 행위까지 범죄로 규정한다는 면에서 이 주장은 매우 세속적일 뿐 아니라 몰염치한 주장에 해당된다. 피해자의 공소시효가 지나고, 신분 노출에 대한 두려움과 수사 과정과 법정에서 겪는 수치와 상처를 두려워서 고소하지 못하는 여성 피해자의 심리를 살펴볼 때 이러한 주장은 진실을 호도하고 범죄를 부정하는 기만적인 변명 논리에 불과하다.

---

10) 대한예수교장로회총회 헌법, 정치, 제8조 권징

2) 회개와 회복 지원론

이 주장은 전병욱 목사가 충분한 회개와 은거의 기간을 가지고, 온전히 회복된 후 목회를 다시 시작하도록 해야 한다는 입장이다. 한편 이 주장은 그가 아직 충분히 회개하지 않았으며 영적으로 윤리적으로 회복된 증거가 없다는 판단에 기초한다. 오히려 그의 개척은 그의 회개치 않음을 드러내는 증거이므로 그의 복귀와 개척은 결코 허용할 수 없다는 입장이다. 동시에 이 입장은 하나님의 용서와 회복의 가능성을 여전히 인정하며 지금이라도 충분한 회복 과정을 가진 후 적절한 때에 하나님의 인도 가운데 복귀할 수 있다는 관용적 견해이다. 목사도 한 사람의 그리스도인이기에, 아무리 심한 죄를 범했더라도 진정으로 회개하면 하나님의 은혜로 용서받을 수 있고 다시 기회를 주어야 한다는 입장이다. 그리고 공신력 있는 회복을 위해 한국교회 차원에서 '회복위원회' 구성의 필요성을 역설하기도 한다.[11]

이는 목회 복귀의 여지를 허용하는 관대한 입장이다. 하지만 이 안은 전 목사의 동의와 자발적인 참여를 전제로 하여야 가능한 일이며, 이를 책임성 있게 추진할 권위적 구심 역할을 누가 담당하는가 하는 복잡한 문제를 남겨두고 있다. 기독교적 가르침에 따르면 얼핏 공의와 사랑, 징계와 회복의 균형을 이룬 입장인 듯이 보이지만, 사회적 상식적 척도에서 판단하면 지나친

---

11) 필자는 2010년 12월에 이러한 주장을 하였으며, 2012년 6월 박영돈 교수도 그의 글 '너무 일찍 돌아온 전병욱'에서 역시 이러한 제안을 하였다.

제 식구 감싸기를 하는 무원칙한 종교로 이해될 여지가 많다는 단점이 있다.

3) 공개 참회와 면직 추진론

이 견해는 영적 지도자의 회개는 개인적으로 은밀히 행하는 것이 아니라 공개적인 회개이어야 하며, 우선 피해자들에게 진정성 있는 사과를 해야 하며 징벌은 필수적이라는 입장이다. 전병욱 목사 죄상의 심각함과 상습성, 개척 시도 등은 도저히 그를 목회자로 인정할 수 없는 수준이므로 '목사 면직'을 하여 목사직을 박탈하는 것이 마땅하다는 주장이다. 이러한 징계는 한국교회의 도덕성을 위해, 가해자의 진정한 회복을 위해, 그리고 한국교회의 거룩성을 지키기 위해 필히 이루어져야 한다는 입장이다. 교회법에 따라 평양노회가 권징을 온전히 실행해야 한다는 주장이다.[12] 이를 위해서 평양노회의 결단을 기대하며 호소와 설득 혹은 압력을 해야 한다고 보는 것이다.

4) 출교 선언론

전병욱 목사를 더 이상 기독교인으로 인정해서는 안 된다는

---

12) 실천신학대학원 교수이자 기윤실 상임집행위원인 조성돈 교수는 "목회자 치리 권한을 가진 노회가 기준을 분명히 세우고 징계해야 한다"고 강조하며 "노회가 이 문제를 다루지 못하면 앞으로 더 큰 문제가 생긴다"고 언급했다. 〈뉴스앤조이〉 보도, "전병욱 회개한 증거 없다", 2012. 5. 28

강경한 입장이다. '간음한 자를 용납하지 말라'는 성경의 명령과 '음행하는 자는 하나님나라를 유업으로 받을 수 없다'는 기록에 기초한다. 출교를 주장하는 입장은 두 가지이다. 첫째 입장은, 음행은 하나님 앞에서의 큰 범죄이며 음행이 밝혀진 자는 교회에서 추방하는 것이 마땅하다는 것이다. 즉 성범죄는 일반인으로서도 용납할 수 없는 것이므로 단지 목회자 범죄를 처리하는 수준이 아니라 그리스도인 됨을 인정해서는 안 된다고 보는 것이다. 두 번째 입장은 성범죄 행위보다 공공연한 개척 행위가 더 심각한 문제라고 보는 입장이다. 성추행은 도덕적 문제이지만 범죄 목회자의 회개가 없는 공개적인 개척 행위는 예수 그리스도의 교회를 모욕하는 행위이고, 진리를 거스르는 배도적 행위며 영적 죄악이라는 것이다. 그러므로 평양노회는 마땅히 그의 개척을 금지할 뿐 아니라 출교해야 한다고 보는 입장이다. 그리고 평양노회의 조치와 무관하게 한국교회의 이름으로 그의 출교를 선언해야 한다는 주장이다.

4. 나가는 말

우리는 어떻게 해야 할 것인가? 가해자에 대한 관용과 회복을 위한 제사장적·치유적 접근과 함께 책망과 징계를 포함하는 예언적 접근이 함께 필요하다. 분명한 참회와 치료 과정을 거친 변화를 수반하지 않은 회복 논의와 복귀 허용은 사실상 그에게 면죄부를 주는 것에 다름 아니다. 이는 나아가 교회의 거룩함을 포기하고 하나님의 공의와 법을 무시하는 영적 태만이자 불순종이라고 보아야 한다. 지금 이 사건은 전병욱 사건 진실 규명과 목사 면직 청원 운동의 양상으로 흘러가고 있다.

현재 전병욱 목사가 개척 일정을 강행하고 있다는 점과, 개입에 소극적인 평양노회의 태도, 한국교회 지도자들의 침묵 등은 다소 우려할만한 부정적인 요소들이다. 그러나 이어지는 피해자들의 증언, 숨겨진 진실들의 드러남, 기독교 시민 단체들의 입장 표명, 삼일교회 교인들의 면직 청원, 다양한 형태의 자발적인 운동은 현재 문제 극복을 위한 자정적 갱신의 흐름을 형성하고 있다.

전병욱 목사 사건은 한국교회 목회자의 도덕성 추락과 거짓된 영적 카리스마, 그리고 허위로 포장된 스타 목회자와 대형 교회의 실상을 단번에 드러내었다. 그의 범죄와 개척 시도를 그대로 묵인하고 방치한다는 것은 한국교회의 무기력과 윤리 실종을 의미한다. 반대로 그에게 합당한 권징을 행하는 것은 하나님의 뜻을 행함이요, 성경의 원리에 순종함이며 한국교회에 여전히 성경적 원칙과 도덕적 힘이 남아 있음을 입증하는 작은 증거가 될 것이다. 권징은 파멸시키고자 하는 보복이나 심판이 아니라 진정한 회복을 위한 하나님의 사랑과 공의의 사역이다. 목회자에 대한 교회의 권징은 사건 무마를 위한 형식적 징계가 아니라 교회와 가해자를 진정한 회복의 길로 이끄는 '회복적 정의(Restorative Justice)'의 구현이 되어야 한다.[13]

평양노회는 전병욱 목사의 치리의 권한을 가진 공회 이전에 치리의 책임을 가진 공회이다. 권징은 교회 본질과 관련된 것이며 노회의 선택 사항이 아니라 책임이자 의무다. 평양노회가 하나님 앞에서 온전한 선택을 할 것을 호소한다. 침묵함으로 범죄한 자를 공회 안에 용인하는 죄악을 저지를 것인가? 아니면 합당한 권징을 실행하여 교회됨과 장로교회의 정체성을 지킬 것인가? 우리는 우선 전병욱 목사에 대한 치리의 책임이 있는 평양노회의 조치가 성경적으로 이루어지도록 호소하고 기다려야 할 것이다.

하지만 평양노회의 결정에만 모든 조치와 결론을 맡겨둘 수 없는 정황이다. 평양노회가 보수 교단 본래의 엄격한 도덕 원칙을 지키며 합당한 권징을 실행한다면 그것이 곧 공적인 권징이 될 것이다. 그러나 만일 평양노회가 권징을 포기하거나 범죄 목사를 비호한다면 한국교회가 무언가 결단하여야 할 것이다. 한국교회의 이름으로 전병욱 목사에게 어떤 권징을 행하거나 한국교회 갱신을 위한 선언적 조치를 실행하여야 한다는 주장들

---

13) 회복적 정의 혹은 회복적 사법(Restorative Justice)이란 법정의 정의를 죄에 대한 징벌로 보는 것이 아니라 뉘우치고, 잘못을 돌이키는 것, 나아가 가해자 및 피해자의 관계의 회복으로 보는 것이다. 신광은, "아나뱁티스트에게서 배우자 - ㅈ목사 문제, 도려낼 것인가, 덮을 것인가, 아니면 제3의 길을", 〈뉴스앤조이〉, 2010. 10. 4

이 이어지고 있다.

바라기는 우리의 논의가 전병욱 권징이나 전병욱의 개척 저지 수준에서 머무르지 말아야 할 것이다. 한국교회는 지금 직업윤리적 차원에서 목회자 윤리 강령이 필요하고 이와 관련하여 목회자에 대한 실제적인 교육이 필요하다. 목회자 성추행 사건이 빈발하고 사건화되는 상황에서 이를 미연에 방지하고 피해자를 보호하고 전문적인 도움을 주기 위한 활동과 이를 위한 전문 단체가 필요할 것이다. 특히 복음주의권에는 여성 인권과 성폭력 피해자를 위한 여성 단체나 전문가들이 없는 상황이다. 또한 신학교 차원에서의 예방 교육과 목회자 윤리에 대한 강화된 교육이 필수적이다. 아울러 교단 혹은 전문 기관을 통하여 목회자를 대상으로 한 목회 윤리 및 성교육 프로그램이 주기적으로 실행되어야 할 것이다. 그리고 목회자 성 문제 발생 시 개교회와 노회 등이 취하여야 할 투명하고 엄정한 권징 원리와 문제 처리 매뉴얼(Manual)이 필요하다고 생각한다.

전병욱 사건을 계기로 권징이 실종된 한국교회에서 권징의 회복이 이루어지고 기독교 본래의 윤리적 고결함과 엄격함이 회복되기를 바라고, 이 자정 운동이 한국교회를 치료하고 목회자들을 새롭게 하시는 하나님의 회복 사역으로 자리매김하기를 기원한다.

참고 도서

〈목회 윤리〉. 맹용길. 서울; 장로회신학대학교출판부, 2001

〈목회학〉. 이상운. 서울; 한국장로교출판사, 2002

〈크리스찬 카운슬링〉. 게리 콜린스 저, 피현희 외 역. 서울; 도서출판 두란노, 1997

〈목회 윤리〉. 게이로드 노이스 저, 김종일 역. 서울; 한국장로교출판사, 1993

〈돈 섹스 권력〉. 리처드 포스터 저, 김영호 역. 서울; 두란노, 2005

〈지도자의 넘어짐과 회복〉. 웨이드 굿델 저, 이명희 역, 서울; 순전한 나드, 2008

〈Kingdom Ethics〉. Glen H, Stassen & David P. Gushee, Illinois; IVP. 2003

〈Leadership Perspectives〉. J. Robert Clinton, CA; Barnabas Publishers, 1993

인터넷 자료

대한예수교장로회총회 헌법, 총회 홈페이지, http://www.gapck.org

〈뉴스앤조이〉, "전병욱 회개한 증거 없다". 2012. 5. 28

박영돈, "너무 일찍 돌아온 전병욱". 〈뉴스앤조이〉, 2012. 6. 1

신광은, "아나뱁티스트에게서 배우자 - ㅈ목사 문제, 도려낼 것인가, 덮을 것인가, 아니면 제3의 길을", 〈뉴스앤조이〉, 2010. 10. 4

성추행 피해자 인터뷰

"전 씨에게 성추행당한 내가 잘못?"
"피해 사실 말했지만 교회 떠나라고 했다"

전병욱 목사 성추행 피해자 유민지(가명) 씨는 〈뉴스앤조이〉와 인터뷰에서 어렵사리 피해 사실을 꺼내 놓았다. 전병욱 목사를 더는 '목사'라고 부를 수 없어 '전 씨'라고 부르겠다고 했다. 유 씨는 이번 인터뷰로 많은 사람이 진실을 알게 되길 바란다고 했다.

삼일교회는 언제부터 다녔나.

대학 입시가 끝난 2000년대 초반부터 삼일교회에 출석했다. 처음엔 서울에서 젊은이들이 많이 모인다는 교회가 너무 낡아서 놀랐다. 열정과 담대함과 복음으로 무장한 교회로 보였다. 교회가 건물이 아님을 보여 주는 것 같아서 감동을 받았다. 전 씨의 책을 보면 정말 대단한 사람 같았고, 하나님한테 철저히 복종하는 사람으로 보였다. 물질적으로도 투명하게 행동한다는 점에서 존경할 수 있는 분이라고 생각했다. 유창하게 설교하는 전 씨가 나의 멘토로 느껴졌다.

교회에서 어떤 활동을 했나.

모태 신앙이라서 그런지 처음부터 리더를 맡았다. 리더를 돕는 헬퍼 역할도 했다. 제주 선교 준비 팀, 한미준(한국교회미래를준비하는모임) 준비 팀에도 참여하면서 전 씨를 가까이서 보게 됐다. 평상시에도 개인적으로 전화가 왔고, 다른 청년과도 그렇게 지내는 줄 알았다. 그때는 사제지간이기 때문에 그러나 보다 생각했다.

전 목사에게 어떤 성추행을 당했나.

2004년 여름에 제주 선교 준비 팀 데스크에서 지원자 등록을 받고 있었다. 7~8명의 부목사님과 준비 팀원들이 테이블 주변에 모여 있었고, 그때 전 씨가 와서 테이블을 짚는 척하더니 왼쪽 손등을 내 음부에 갖다 댔다. 너무 놀라서 반사적으로 손을 쳐냈고, 주변에 있던 사람들이 그 모습을 쳐다보고 있었다. 모두 놀라는 분위기였지만, 나를 이상한 눈빛으로 쳐다봤다. 너무 부끄러워서 일단 다른 준비 팀원들이 있는 곳으로 피했다. 그쪽에서 무슨 일이냐고 물었지만, 숨도 제대로 못 쉴 정도로 정신이 없어 답하지 못했다.

그 일을 겪고 나서 전 목사와의 관계는 어땠나.

얼마 지나지 않아 전 씨가 나에게 커피를 마시러 가자고 했다. 나는 내가 너무 오버한 건 아닌가, 실수로 잘못 짚은 걸 오해한 건 아닌가 싶어서 아무 일도 없는 것처럼 따라갔다. 그런데 전 씨는 그 자리에서도 "결혼을 했건 안 했건 스킨십만으로도 누군가에게는 평생의 추억이 될 수 있다"는 이상한 소리를 했다. 커피를 마시고 오는 길에는 "너는 나를 어떻게 생각하느냐"고 물었고, "목사님은 저에게 아버지 같은 분이다. 목사님 말씀으로 은혜 받고 교회를 더 잘 섬기게 됐다. 내겐 영적 아버지 같은 분이다"고 답했더니, 자기를 남자로 봐주지 않는다며 크게 화를 내고는 먼저 가버렸다.

그 일이 있고 나서도 전 씨는 아무 일 없다는 듯이 대했고, 설교에서도 나를 인용하며 특별히 예뻐하는 것처럼 말했다. 제주 선교 때도 자기 뒤에 따라다니라면서 친근감을 표했다. 그래서 난 전 씨에 대해 색안경을 끼고 보진 말아야겠다고 생각했다.

이후에도 전 목사가 성추행을 시도했나.

전 씨에게 발 마사지봉과 관련 책을 사 준 적이 있다. 늘 피곤하다고 해서 사모님과 함께 사용하라고 준 선물이었는데, 전 씨가 어떻게 하는지 모르겠다고 직접 와서 해달라고 했다. 나는 전공자가 아니라서 잘 못한다고 했는데도 본인이 지금 너무 피곤하고 몸이 안 좋다며 와 달라고 했다. A관 목양실이었는데 그곳에는 이미 많이 쓴 듯 보이는 마사지봉이 여러 개 있었다. 발 마사지를 끝내고 나가려고 하는데, 전 씨가 오른손으로 열어야 하는 문을 굳이 왼손으로 열면서 가슴을 쓸듯이 만졌다. 너무 이상한 자세여서 의도적인 게 분명했는데, 전 씨는 아무렇지도 않게 "잘 가라"고 했다.

성추행 이후에 전 목사의 태도는 어땠나.

그 뒤로도 "네가 마사지를 해 줘서 너무 좋았다"며 또 와서 해 달라고 요구했다. 어느 날은 나를 불러놓고 "내가 너의 가슴을 만졌다는 메일이 왔다"며 자신이 그런 적이 있느냐고 물어봤다. 만졌다고 하기엔 모호했기 때문에 "아니요"라고 답했다. 지금 생각해보면 나를 떠보기 위해 그런 말을 한 거 같다.

매번 마사지하는 것이 괴로웠을 텐데 거절하지는 않았나.

전 씨가 너무 피곤하고 힘들다고 부탁하는데 안 갈 수가 없었다. 나만 조심하면 된다고 생각했다. 그래서 전 씨에게 갈 때마다 언니나 친구를 꼭 데리고 갔다. 그런데 전 씨는 "왜 만날 언니랑 같이 오냐. 앞으론 너 혼자만 오라"고 했다. 엄마가 굉장히 걱정하셨다. 서울에서 공부하라고 보냈는데 밀폐된 공간에서 목사님 발마사지를 하는 건 안 된다고 하셨다. 전 씨에게 얘기했더니 "넌 왜 그런 얘기를 엄마한테 하느냐"며 굉장히 화를 냈다.

전 목사의 성추행은 계속됐나.

소파에 같이 앉아 있었는데 "겨드랑이 제모는 하느냐"며 팔을 들춰보려 한 일, 자기 옆으로 와서 앉으라 해놓고 "뭐 안 이상하지" 하며 손잡고 자기 허벅지에 얹어 비빈 일 등 상습적으로 성추행했다. 장흥 선교 때는 말씀 전하기 전에 "넌 내가 아기처럼 생각하니까" 하면서 내 엉덩이를 주물렀다. 사람 없는 틈을 타 껴안으면서 엉덩이를 툭툭 건드렸다. 놀란 기색을 보이면 "내가 뭐 했니. 네가 이상한 거야"라고 했다.

성희롱 발언도 많이 했다. 여자들 음모가 여러 모양이 있다며 "나는 이러이러한 모양을 좋아하는데, 너희는 어떻게 생겼느냐"고 물은 적도 있고, 내가 이성 교제 때문에 힘들어 할 땐 "너 그 애랑 잔 건 아니지. 넌 아긴데, 너는 아직 순수하니까 안 그랬지"라고 물으며 성적 수치심을 줬다.

상습적으로 피해를 보면서도 저항하기 어려운 이유가 무엇인가.

교회 다니는 자매들 중 착한 사람이 많다. 목사한테 항상 예의 바르게 행동하던 사람들이라서 저항하기가 쉽지 않다. 전 씨는 성추행해 놓고 내가 뭘 했냐는 식이다. 증거를 잡기도 쉽지 않다. 미국에서는 이런 건 아무것도 아니라고 하면서 안고 엉덩이를 만진다. 순진한 사람들은 당하면 아무 말도 못하고 놀라기만 한다. 순식간에 지나간 일을 따지기도 어렵다. 전 씨 같은 절대 권력한테 뭐라고 한들 바위에 달걀 치기다. 주변에 이 사실을 말해봤자 그냥 교회를 떠나라고만 한다.

다른 사람에게 피해 사실을 이야기했나.

부끄러워서 사람들에게 많이 이야기할 수가 없었다. 평소 "거룩하게 살고 희생하라"는 말씀을 많이 했기 때문에 전 씨 스스로 양심의 가책을 느낄 거로 생각했다. 몇몇 사람과는 성적인 부분에 약하니까 회개하시길 바란다고만 이야기하고 마무리 지었다. 평소 전 씨를 맹신하는 교회의 분위기에서 스타 목사인 전 씨에게 문제를 제기해 봤자 나만 바보로 만들 거라는 생각이 들었다. 당시에 얘기를 해 봤자 믿을 사람도 없었고, 침묵한 가장 큰 이유는 교회에 덕이 안 될 거라는 생각 때문이었다.

교회 교역자들에게는 따로 이야기 안 했나.

이야기를 못 했다. 내가 성추행당하는 상황을 다 봤는데도 그들의 눈빛이 마치 "당하는 네가 바보 같다"고 말하는 것처럼 보였다. 지난 8월에 삼일교회 여름 선교를 다녀왔다. 가고 싶지 않았지만, 하나님이 회복시켜 주지 않겠냐는 주변 지인들의 권유로 참여하게 됐다. 아무 일 없다는 듯이 선교에 전념했다. 그런데 마지막 날 밤 ○○○ 목사가 이제 카페 활동(전병욱목사진실을공개합니다) 같은 것 하지 말라고 했다. 본인이 당했던 억울한 일에 대해 하나님이 명예 회복을 시켜줬다고 얘기하면서 가만히 있으라고 했다. 내가 피해당한 사실을 알고 있으면서 일부러 들으라고 이야기하는 것 같았다. 뒤에 앉아서 계속 울었다. 그때 다시 한 번 피해자들이 울든지 말든지 입 닫고 가만히 있으라는 게 교회 분위기라는 것을 알았다. 그 일로 이제는 정말 떠나야겠다고 생각했다.

2010년에 전 목사의 성추행 사실이 외부에도 알려졌다.

나 역시 그 사실을 듣고 충격을 받았지만, 그럴 수 있는 사람이라고 생각했다. 내가 굉장히 조심하니까 나에게 함부로 하지는 못했지만, 교회 로비에서 나와 이야기할 때도 육감적인 몸매를 가진 자매가 지나가기라도 하면 발정 난 수캐처럼 그 자매를 쳐다봤다. 눈빛이 정말 위험해 보였다. 어떻게든 해 보려고 하는 것 같았다.

많은 교인이 전 목사의 성추행 사실을 믿지 않았다.

한 간사님에게 전 씨의 성추행에 대한 교회의 입장을 물었는데, '그건 알 수 없는 일'이라는 식으로 얼버무렸다. 내 경험을 얘기했더니 사람들은 전 씨에 대해 화를 내기도 했고 그러려니 하기도 했다. 많은 사람들이 진실을 모른다는 걸 알고 이진오 목사가 개설한 카페에 피해 사실을 알리는 글을 썼다. 얼마 후 글을 내리라고 연락이 왔다. 어떤 언니는 "네가 굉장히 위험한 일을 하고 있다"며 "목사님의 사모님과 딸을 생각해라"고 했다. 전 씨가 가해자인데, 피해자인 내가 뺨을 맞는 느낌이었다. 그 언니에게 전화를 받고 나서 사람들이 이렇게 사실을 덮기를 바란다는 것을 알았다. 내가 쓴 글에는 "전 목사에게 간 네가 잘못이다", "네가 지식이 없어서 당했다"는 악성 댓글이 달렸고, 나는 큰 상처를 받았다.

삼일교회의 대처에 대해서는 어떻게 생각하나.

장로님들은 개인적으로 만나면 참 좋은 분들이다. 처음에 전 씨의 사건을 덮으려고 했던 것도 이해한다. 하지만 방법이 너무 잘못됐다. 인터넷에 관련 글이 올라오면 다 지우고, 성도들의 입을 아예 막았다. 왜 일 처리를 이런 식으로 하는지 너무 답답했다. 자기 딸이 당했으면 이럴 수 없다. 일 처리하는 과정은 솔직히 교회가 잘못했다. 예배를 드리러 가면 우리는 아무 일 없다는 듯이 평화롭고 재밌기만 했다. 한 목사는 설교 중에 "선교나 하고 헌신이나 하지, 입 닫고 있으라"고 했다.

교회는 단지 어깨를 주물러 달라는 요구였다며 사건을 축소하기 바빴고, 피해 여성이 이단이라는 소문이 퍼졌다. 그런 일들로 50여 명의 집사가 '공동 요청문'을 작성하게 됐다. 성추행을 당하고 교회를 지켜보면서 어떻게 이런 일들이 드러나지 않을까 답답해하고 있었는데, 하나님이 오랫동안 감춰진 죄를 결국 드러내셨다.

다른 교회로 옮길 생각은 안 했나.

삼일교회에 있으면서 선교를 꼭 가고 싶었다. 선교 현장에 가면 정말 작은 교회에서 한 영혼을 위해 이름도 빛도 없이 섬기는, 존경할 만한 분들을 만날 수 있었다. 그리고 어느 교회를 가나 문제가 있기 때문에 삼일교회가 싫다고 다른 교회로 바로 가는 건 아니라고 생각했다.

결국 교회를 떠났다.

사람들을 만나기 싫었다. 부교역자들을 만나면 피하게 됐고, 그들에게 말씀으로 공격받기에는 내가 받은 상처가 너무 깊었다. 아무 일도 하지 않는 교회를 기다리기에도 너무 지쳤다. 전 씨가 가끔 나타난다는 장소에 가면 혹시나 마주칠까 봐 계속 두리번거리는 버릇도 생겼다. 너무 힘들어서 정말 쓰러질 정도로운 적도 있다. 견딜 수 없는 한계에 이르렀다. 그래서 이 모든 것에서 떠나고 싶었다.

홍대새교회에 대해서는 어떤 마음인가.

홍대새교회 홈페이지에서 전 씨가 웃는 모습을 처음 봤을 때는 머리가 터져버리는 것 같았다. 친하게 지냈던 동생이 그 교회에서 웃고 있는 사진도 봤다. '네가 내 마음을 안다면 거기에서 웃고 있을 수 있느냐'고 문자를 보냈는데 답이 없었다. 피가 거꾸로 솟는 느낌이었다. 내가 당했다고 얘기해도 그 사실을 들을 마음이 없는 사람들도 있었다. 아예 마음이 닫혀 있었다. 내가 상처를 받았다고 직접 말해도 홍대새교회로 간 사람들이 있다.

전 목사 측근인 변호사는 전 목사의 가해 사실에 대해 인정하지 않는다.

유명한 사람의 측근이 되면 으쓱해지는 것 같다. 그 변호사는 도덕적으로는 문제가 있지만 법적으로는 문제가 없다고 했는데, 그건 틀린 말이다. 성직자는 도덕적이고 윤리적인 게 최우선이다. 그것을 기대하지 말라고 하는 것은 장난치자는 거다. 전 씨에게 그 변호사는 독이다. 전 씨를 정말 위한다면 그는 떨어져야만 한다. 물론 전 씨는 부추긴다고 안 할 걸 할 사람은 아니다. 서로 짜고 치는 고스톱이다.

전 목사가 사과했다는 이야기에 대해서는 어떻게 생각하나.

전 씨가 의로운 사람인 척 교회에서 나갈 때도 그게 위장이고 가식이라는 이야기를 들었다. 자신은 절대 못 나간다고 바락바락 우기다가 겨우 나갔다고 했다. 기도원에서 숨어 있을 때도 전혀 회개하지 않았다고 들었다. 자매들이 옆에서 팔짱 끼니까 "너 나한테 이러지 마. 그 자매도 처음엔 너처럼 이랬어"라고 했다고 한다.

피해 자매들은 아마 전 씨가 진심으로 용서를 빌고 어려운 사람들을 위해서 사역한다고 했으면 박수를 쳐 줬을 거다. 하지만 홍대 앞을 바꾸겠다는 현수막을 거는 건 이해할 수 없다. 자신이 사역했던 교회 지척에서 어떻게 목회 재개를 할 수 있는지 모르겠다.

혹시 최근에 전 목사가 한 설교를 들어봤나.

설교는 전혀 듣고 싶지 않다. 목소리조차 듣고 싶지 않다. 사진 속 전 씨의 얼굴을 보면 속이 울렁거린다. 예전 물건들 중에 담임목사 전병욱이라고 쓰여 있는 것이 남아 있으면 나도 모르게 이름을 지워버린다. 다른 사람이 올려놓은 게시물을 본 적이 있는데 설교 제목부터 장난치는 것 같았다. 이러한 일을 겪으면서 가짜 복음에 속았다는 생각을 많이 했다. 2004년에도 이미 말씀을 전하는 예배가 아니라 그냥 재미있는 강의 같았다. 그것 때문에 교회를 떠나는 사람도 봤다.

설교 중에 신변잡기와 음담패설을 많이 했다. 나이 서른이 넘어도 성적 경험이 없는 건 바보 같다는 말을 했다. 같은 내용을 오늘은 A로 전했다가 다음주에는 B로 전해서 새 신자들이 무슨 말인지 헷갈려하기도 했다. 가슴이 큰 여배우를 언급하면서 어머니를 생각나게 하기 때문에 인기가 많다는 식의 이야기를 설교 중에 자주 했다. 이상한 내용이 너무 많았다. 그래도 하나님이 이 교회를 사랑한다고 생각했기 때문에 그냥 있었던 거다.

노회나 총회는 전 목사를 징계할 의지가 없는 것 같다.

아직 징계가 내려지지 않은 것은 절망스럽다. 한국교회가 이렇게 타락했나 싶다. 면직 청원서를 아예 받아주지 않았다. 장로들은 더는 일할 마음도 없고 손을 뗀 것 같다. 피해자들이 울든 말든 그건 내 알 바 아니라는 식이다. 자기 딸들이라면 그렇게 했을까. 노회는 목회자를 똑바로 세워야 한다. 교회가 더는 욕먹지 않게 하려면 썩은 가지를 잘라야 한다. 이런 일에 대해 그저 침묵하고 있는 교회와 목사들이 너무 많다.

전 목사를 어떻게 징계해야 한다고 생각하나.

면직이 옳다고 본다. 썩은 부분을 도려내지 않으면 안 된다. 타락하고 신뢰할 수 없는 목사가 성도들에게 바로 살라는 말을 어떻게 하겠나. 그런 썩은 부분 때문에 복음 전파가 안 된다. 청소해야 한다고 본다. 전 씨는 아직 회개하지 않았다. 정말 회개했다면 교회를 그만두거나 다른 사람에게 넘겨야 한다. 목사직을 내려놓고 평신도로 돌아가서 평생 회개하며 사는 게 맞다.

〈 인터뷰·정리 _ 정재원 기자 〉

〈뉴스앤조이〉 홈페이지 (www.newsnjoy.or.kr)에서 다른 인터뷰 기사도 보실 수 있습니다.

에필로그

목회자들에게 드리는 고언

손봉호

고신대 석좌교수 · 기독교윤리실천운동 자문위원장

1. 무거운 책임감

목회자의 책임은 무겁고 무섭다. 목회자는 수많은 사람들의 삶의 의미 · 가치관 · 행동 방식 · 직업 선택 · 자녀 교육, 심지어 영원한 미래에까지 결정적 영향력을 행사할 수 있다. 잘못 가르치고 그릇 인도하면 영혼들이 파멸에까지 이를 수 있다.

> "누구든지 나를 믿는 이 소자 중 하나를 실족케 하면 연자 맷돌을 그 목에 달리우고 깊은 바다에 빠뜨리는 것이 나으니라." (마 18:6)

무서운 책임이다. 교육자 · 책 · 언론 · 사회 문화 등도 중요하지만 그들에 대해서는 사람들이 어느 정도 비판적인 거리를 두기 때문에 그 영향은 상대적으로 크지 않다. 그러나 그리스도인들에게 성경은 하나님 말씀이고 그 성경의 권위를 가지고 가르친다고 믿을 때 목회자의 가르침과 삶이 미치는 영향은 막대할 수밖에 없다. 세계 어느 석학의 어떤 확실한 이론보다도 더 큰 권위를 목회자가 행사할 수 있다.

이렇게 큰 권위를 행사한다면 그에 상응하는 책임을 져야 한다. 책임을 질 각오가 없거나 책임을 질 능력이 없으면 빨리 물러나야 한다. 능력이 있어야 천국 백성이 되는 것도 아니고, 하나님은 능력 있는 사람을 더욱 사랑하시는 것도 아니다. 그러나 지도자는 능력이 있어야 한다. 자신의 문제가 아니라 수많은 피지도자들의 영적인 이익이 좌우되기 때문이다.

경건한 설교자 스펄전(C. H. Spurgeon) 목사는 그가 책임졌던 신학교에서 두 종류의 학생에게는 입학을 허가하지 않았다 한다. 매우 유능하여 모든 일에 성공하기 때문에 목회에도 성공할 것이라는 자신감을 가진 학생과 하나님이 자기를 목사로 만들려고 모든 일에 실패하게 하셨다고 믿는 지원자는 거부했다. 후자는 목회를 해도 실패할 것이고 전자는 너무 교만하기 때문에 적합하지 않다고 판단했다. 그러나 스펄전 목사는 전자는 좀 아깝더라 했다. 목회자는 무능할 권리가 없고 자기 발전을 게을리 해서도 안 된다.

2. 철저한 욕망 절제

누구든지 능력이 있고 권위와 영향력이 있으면 자신을 위하여 그것을 이용할 유혹을 받는다. 그런데 목회자는 다른 어떤 기능인보다 더 이런 유혹을 이길 수 있어야 한다. 물론 정치인 · 공직자 · 교육자 등 다른 분야 종사자도 마찬가지다. 그러나 사람들은 다른 어느 분야의 책임자보다 목회자가 그런 이기심을 더 잘 극복할 것을 요구한다. 고등 종교는 이기심과 세속적 가치의 극복을 그 기본으로 삼고 있다. 예수님은 교인들의 영적인 이익보다 자신의 이익에 더 관심을 쓰는 지도자를 '도적' 혹은 '삯꾼'이라 불렀다 (요 10:1,12).

한국교회에는 후손에게 땅 한 평, 돈 한 푼, 집 한 칸도 남기지 않은 한경직 목사 같은 성자도 계셨지만 엄청나게 큰 특권과 부를 가진 대형 교회를 자녀에게 세습한 사람들도 있다. 누가 더 하나님나라에 공헌했으며 누가 더 교인들과 사회의 존경을 받는가는 불문가지다. 모든 목회자는 자신이 어느 편에 서 있는가를 점검하고 어느 편에 설 것인가를 결정해야 한다.

자기가 '도적' 혹은 '삯꾼'임을 인정하는 목회자는 많지 않다. 보통 인간은 다 '제 잘난 맛'으로 산다. 다만 영적으로 충분히 성숙한 목회자만이 스스로를 좋은 목자가 아니라 도적 혹은 삯꾼이라 생각하고 부끄러워한다. 겸손한 사람은 자신의 교만을 걱정하고 교만한 사람은 자신의 겸손을 과시하고 우쭐한다. 겸손해야 회개와 개선이 가능하고 하나님의 사랑과 사람의 존경을 받는다. 루터는 수도원에서 하루에도 수십 번 고해성사를 거듭했다 한다. 자신을 도마 위에 얹어놓고 난도질을 해서 모든 인간적인 욕망을 가려내고 이를 악물고 이를 극복할 수 있어야 한다. 기도와 설교 준비는 자기반성과 자기비판의 가장 좋은 기회다. 기도는 지극히 거룩하신 하나님 앞에 자신의 벌거벗은 모습을 드러내는 시간이고, 설교의 일차 대상은 자기 자신이기 때문이다.

3. 자존심

성직자는 한편으로는 겸손하면서 다른 한편으로는 엄청난 자존심을 가져야 한다. 바울은 합법적으로 사례를 받을 수 있는데도 불구하고 "차라리 죽을지언정" (고전 9:15) 그런 것 달라고 요구하지 않겠다 하였고 오히려 그것을 '자랑'하였다. 성직자란 매우 고귀한 직분이다. 그에 합당한 자존심을 가진 사람은 돈, 명예, 권력 같은 세속적 가치를 위하여 천덕스럽고 비겁하게 행동할 수 없다. 비겁한 사람이 존경을 받을 수 없고 영적 권위를 행사할 수 없는 것은 당연하다.

모든 비도덕적 행위는 직접 혹은 간접으로 다른 사람에게 해를 끼치고, 해를 당하는 사람은 대부분 약한 사람들이다. 따라서 비도덕적 행위는 약한 사람에게 해를 가하면서 이익을 챙기는 행위고, 약한 사람을 등치는 행위는 비겁하다. 가난한 성도들이 바친 헌금을 자신의 편이나 명예를 위하여 사용하는 것, 연약한 여자를 성적으로 유린하는 것, 세금을 바치지 않으므로 피땀 흘려 일하는 노동자들의 부담을 가중하는 것은 모두 비겁한 행위다. 비도덕적이고 불법적인 행위로 이익을 챙기는 것은 말할 것도 없고 합법적인 욕망이라도 절제할 수 있어야 교인들의 영혼을 움직일 수 있는 진정한 목회자가 될 수 있다. 하급 욕망을 절제할 수 없는 사람은 결코 지도자가 될 수 없고 되어서도 안 된다.

하나님의 종이란 명예를 유지하려면 항상 떳떳하고 공명정대하여 누구에게도 부끄럽지 않아야 하고, 약한 사람에게 해를 끼치지 않을 뿐 아니라 "공의를 구하며 학대받는 자를 도와주며 고아를 위하여 신원하며 과부를 위하여 변호"할 수 있어야 한다. (사 1:17)

4. 비판의 수용

피지도자의 약점과 실수는 본인에게만 문제가 되겠지만 지도자의 잘못은 수많은 사람에게 해를 끼친다. 영적 지도자의 잘못은 더더욱 심각하다. 저지른 잘못에 대해서는 반드시 응분의 책임을 져야 하고, 저지를 수 있는 잘못은 반드시 막아야 한다.

그런데 아무리 자기반성이 철저하고 유혹과의 싸움이 처절하더라도 자신을 정확하게 아는 것은 거의 불가능하다. 자신의 장점도 다 모르지만 특히 자신의 약점을 아는 것은 매우 어렵다. 모든 인간은 부족하고 실수한다. 그런데 목회자들 가운데는 하나님의 말씀을 대언한다는 권위를 이용하여 자신의 권위를 과대 확장하는 경우가 없지 않다. 그 권위에 도전하면 큰 벌을 받는다고 협박함으로 어떤 비판이나 이의 제기도 불가능하게 하여 가망 없는 독재자가 될 수 있다. 사교 교주나 이단들이 통상적으로 이용하는 수법이지만 이단이 아닌 목회자들 가운데도 의도적으로 그런 오해를 교인들에게 심는다. 역사적으로 모든 독재자가 거의 예외 없이 망했다는 사실에서 교훈을 얻어야 한다.

지혜로운 지도자는 이 사실을 숙지하고 비판받을 가능성을 열어둘 것이다. "나를 선하다 하는 자는 나의 적이요, 나를 악하다 하는 자는 나의 스승이다(道吾善者 是吾賊 道吾惡者 是吾師)"란 경구는 모든 지도자가 잊지 말아야 할 교훈이며, 모든 인간은 죄인이란 사실을 가르치는 영적 지도자는 더더욱 그래야 한다. 아첨을 좋아하는 지도자는 반드시 실패하게 되어 있고 목회자도 예외가 될 수 없다.

아무런 감시나 견제를 받지 않고도 깨끗하고 바르게 살 수 있다고 생각하는 것은 착각이고 교만이다. 비판뿐만 아니라 다른 사람의 견제와 감시를 받도록 장치를 만들어 놓는 것이 자신을 지키는 지혜로운 방법이다.

교회는 원칙적으로 민주적일 이유는 없다. 교회는 다수의 결정이 아니라 성경의 가르침에 따라 운영되어야 한다. 다수의 의견이 항상 옳은 것이 아니기 때문이다. 목회자는 성경의 분명한 가르침과 기본 교리, 국가의 법, 윤리적 원칙은 민주적 결정이라도 다른 의견과 타협하거나 양보하면 안 된다. 그러나 그 외의 모든 것은 민주적 방법으로 결정하는 것이 지혜롭다. 모든 인간은 한계를 가지고 있고 목회자가 모든 것을 다 잘 아는 것도 아니기 때문에 불필요한 권위를 행사하다가 오히려 꼭 필요한 권위 행사가 손상을 입을 수 있다.

맺으며

나는 신학 공부를 하고도 안수를 못 받은 것은 목회자의 책임이 너무 무서워서다. 그리고 어릴 때 내가 만난 목사님들은 하나같이 그 무서운 책임을 존경스럽게 감당하셨는데 나는 도저히 그분들처럼 될 수 없다는 것을 절감했다. 위에 쓴 고언은 주로 그분들의 사역과 삶을 기준으로 삼은 것이다.

그분들의 고난과 헌신으로 오늘 한국교회는 이만큼 성장했다. 그러나 안타깝게도 그 성공이 한국교회 실패의 원인이 되고 말았다. 성공했기 때문에 세속적인 권한과 이익을 누릴 수 있게 되었고 이런 것이 탐나서 목회를 하려는 '삯꾼'들이 많이 생겨났기 때문이다. 그런 사람들은 하루빨리 목회를 그만두든지 철저히 회개해서 참 목자들이 되기 바란다.

부록 1

전병욱 사건 관련 한국교회 목회자의 참회 및 공동 권고문

전병욱 목사의 심각한 성범죄 사건과 관련하여 우리 목회자들은 하나님 앞에 깊이 참회하며 이 땅의 모든 그리스도인들과 국민들에게 사과를 드리며 용서를 구합니다. 우리는 이 사건이 우리 목회자들을 책망하시는 하나님의 엄중한 경고로 받아들입니다. 따라서 범죄한 목회자 한 사람을 비판하기 이전에 먼저 우리 목회자들의 죄악과 소명 상실과 윤리 부재를 참회하며 깊이 뉘우치는 바입니다.

먼저 이 사건의 피해 여성들에게 주님의 위로가 함께하기를 기도드리며, 부디 이 상처를 극복하고 그리스도 안에서 승리하기를 바랄 뿐입니다. 아울러 이 사건 때문에 분노하고 상처 입은 이 땅의 수많은 그리스도인들에게 우리 목회자들은 '죄송하다'는 말씀밖에 드릴 수 없습니다. 이 사건을 계기로 한국교회가 더욱 정결하게 되고, 교회의 자정적 개혁을 통하여 한국교회가 더욱 성숙하도록 기도해 주시기를 당부드립니다. 또한 한국교회의 치부를 목격하고 실망하신 모든 분들에게 사죄를 드리며 한국교회가 기독교 본래의 가치를 따라 보다 투명하고 깨끗한 공동체가 되도록 격려해 주시기 바랍니다.

우리는 전병욱 목사가 피해자들에게 사과와 진정한 참회를 하기는커녕 홍대새교회를 개척함으로 교회의 거룩성을 훼손하고 예수 그리스도의 교회를 모욕하는 일에 대해 심히 분노합니다. 사회적 상식과 도덕 기준에도 미치지 못하는 몰염치한 목회 복귀와 개척 강행에 한국교회 목회자로서 부끄러움을 느끼지 않을 수 없습니다. 우리는 부디 전병욱 목사가 스스로 돌이켜 바로 서기를 바랍니다. 또한 한국교회의 모든 지체들이 이 일을 우리 모두의 일로 받아들이고 가슴을 치며 참회하고 교회의 교회 됨을 회복하기를 바랍니다. 이에 우리 목회자들은 참회하는 마음으로 우리의 죄악을 고백하며, 하나님의 사랑과 공의를 담아 실족한 전병욱 목사를 엄중히 책망하며, 한국교회와 사건 당사자들에게 한국교회의 자정적 해결과 대안적 노력을 호소하는 바입니다.

1. 우리는 참회합니다. 하나님! 우리 목회자들의 죄악과 연약함을 자백하며 하나님의 은혜를 구하오니 저희를 부르신 거룩한 부르심에 따라 정결하고 순전한 목회자가 되어 교인들을 온전히 섬기기를 소원하오니 우리들을 새롭게 하옵소서.

2. 전병욱 목사에게 권고합니다. 모든 피해자들에게 진정성 있는 사과를 하고 온전한 회개와 자숙의 기간을 가지십시오. 예

수 그리스도의 교회를 훼파하며 한국교회를 영적·도덕적으로 추락시키는 교회 개척과 설교와 일체의 활동을 즉각 중단하기를 강권합니다.

3. 평양노회와 대한예수교장로회 합동 총회에 요청합니다. 성경의 치리 원칙과 장로교 헌법의 규정에 따라 전병욱 목사를 재판 건으로 치리하여 엄중히 면직 조치하기를 요청드리며, 개척을 사실상 용인하거나 그에게 면죄부를 주는 일체의 정치적 시도를 중단하기를 권고합니다.

4. 삼일교회 당회에 요구합니다. 사건에 대해 포괄적 책임을 지닌 교회로서 전병욱 목사의 성범죄의 실체를 정확하게 조사하고, 목사 치리권이 있는 평양노회에 징계를 요청하십시오.

(* 삼일교회는 지난 10월 11일 당회를 열어 전병욱 목사 면직 탄원을 결의하고, 탄원서를 노회에 제출했다. _ 편집자 주)

5. 한국교회에 호소합니다. 한국교회의 책임성 있는 교단과 신학교 및 주요 교회 연합 기관들은 교회 내 성범죄 근절을 위한 연구와 대책 마련에 시급히 나서기 바랍니다.

우리는 전병욱 목사가 회개의 자리로 내려가고, 공교회에 의해 합당한 징계가 이루어질 때까지 최선의 노력을 다할 것입니다. 아울러 다시는 이러한 일이 교회 안에서 발생하지 않도록 예방과 대안 마련을 위해 작은 노력을 아끼지 아니하고자 합니다.

2012년 8월 15일

성명 제안 발기인 : 강경민, 구교형, 권오헌, 김동춘, 김정태, 김형국, 김형원, 박득훈, 박철수, 방인성, 오세택, 이문식, 이진오, 정성규, 최현범, 황영익.

(2012년 10월 31일 현재 142명 서명)

부록 2

"전병욱 목사는 무분별한 개척 시도를 즉각 중단하고, 한국교회는 교회 내 성범죄에 대한 실제적 대책을 세워야 한다."

우리는 전병욱 목사의 성범죄로 인해 고통 받은 피해자들의 아픔과 삼일교회 및 한국교회 전체가 사회로부터 받아야 했던 지탄의 소리를 기억하고 있습니다. 2년이 지나도록 전 목사 성범죄에 대한 권징은커녕 낮은 차원의 대책도 마련되지 않는 사이 피해자들의 고통은 가중되고 있습니다.

삼일교회 당회는 사건을 급하게 무마하고자 피해 교인들에 대한 사과와 피해 보상, 그리고 진상 조사 등의 활동을 하지 않았습니다. 뿐만 아니라, 당회는 교회 내 절차 없이 전병욱 목사에게 13억 4,500만 원이라는 전별금을 주고, 목사 치리권이 없음에도 2년 내 수도권 개척 금지라는 구두 합의를 하는 등 무책임한 월권을 행사하였습니다. 또한 노회는 당회의 월권을 방치하였고, 전 목사의 성범죄에 대한 조사 및 권징, 피해자에 대한 사과와 보상, 재발 방지를 위한 후속 대책을 마련하지 않는 등 직무를 유기하였습니다. 최근 전 목사는 피해자에게 사죄하거나 용서받은 바 없이 무책임하게 삼일교회 인근 지역에 홍대새교회를 개척하였습니다.

전병욱 목사 성범죄 사건은 여전히 '불미스러운 일', '마사지', '안마' 등 온갖 점잖은 수사들로 은폐되어 있습니다. 그러나 사실은 구강성교는 물론 선교 현장을 비롯한 온갖 곳에서 여성들의 소중한 신체를 함부로 만지고, 주일예배 중간에도 추행을 해 온 것으로 알려졌습니다. 심지어 결혼식 주례 요청을 온 예비신부의 몸을 더듬은 것으로 확인되었습니다. 전 목사의 권위에 눌려 반항하지 못한 여성들은 지속적인 추행의 대상이 되었고, 반항하는 여성들은 철저하게 따돌림 당했습니다. 현재 드러난 피해자만도 10명이 넘습니다. 이는 단순한 실수나 우발적 충동에 따른 행동이 아니라 10여 년을 두고 지속적으로, 계획적으로 이루어진 범죄입니다.

우리는 이 사건이 한국교회의 빈곤한 신학과 왜곡된 신앙으로 인해 생겨난 문제임을 분명히 짚고 넘어가고자 합니다. 목회자의 자질과 인격에 문제가 있더라도, 교회 성장만 이뤄 낸다면 칭송하고, 개인의 종교적 욕구만 채워 준다면 은혜라고 여기는 사고방식이 이번 전병욱 목사 성범죄 사건과 같은 비극을 만들어낸 한국교회에 만연한 독버섯임을 지적합니다. 또한 교회 내 목회자 성범죄는 우발적 사건이 아닌 교회 내 일방적인 권력 문제이며, 폐쇄적 교회 운영 구조의 문제입니다. 목회자가 가해자인 경우 구체적인 성범죄 사실들이 드러났음에도 단호한 권징과 치리가 드물고, 오히려 피해자들이 비난받고 교회를 떠나게 되는 일이 허다합니다. 우리는 교회가 종교 기관의 특수성을 내세워 사건들을 감추고 무마하려는 시도가 계속될수록 제2, 제3의 전병욱 사건, 제2, 제3의 피해자들이 잇따를 것임을 우려하지 않을 수 없습니다.

이제 한국교회 모든 책임 있는 개인, 단체가 힘을 합쳐 전병욱 목사 성범죄 사건의 실체를 분명히 드러내고, 실제적인 대책과 대안 마련에 나서야 할 것입니다. 우리는 전 목사 성범죄 사건의 공의로운 치리와 한국교회 내 성범죄에 대한 근본적 대책 마련을 위해 다음과 같이 촉구하는 바입니다.

1. 전병욱 목사는 이제라도 10여 년에 걸쳐 지속적으로 범해 온 자신의 성범죄를 솔직하게 인정하고, 피해자들에게 진심으로 사죄하고, 교회 개척을 즉각 중단하고, 참회하기 바랍니다.

2. 삼일교회 당회는 전병욱 목사 성범죄 사건의 실체를 정확하게 조사하고, 목사 치리권이 있는 평양노회에 치리를 요청하십시오. 그리고 교회 내 피해자들에 대한 사과와 보상책을 마련하기 바랍니다.
(* 삼일교회 5대 목사로 부임한 송태근 목사는 지난 10월 10일 위임목사 취

임 예배에서 전병욱 목사에게 성추행당한 피해 여성들에게 사과하고, 피해자에 대해 "교회가 할 수 있는 모든 책임을 다하겠다"는 약속을 했다. 10월 11일 당회에서는 전병욱 목사 면직 탄원을 결의하고 탄원서를 노회에 제출했다. 10월 31일 〈국민일보〉와 〈기독신문〉에 공식 사과문을 게재했다. _ 편집자 주)

3. 해당 평양노회와 예장합동 총회는 전병욱 목사 사건의 실체를 정확히 조사하여 범죄 사실을 알리고, 면직 등 합당한 권징을 시행하기 바랍니다.

4. 한국교회의 책임 있는 교단과 기독교교회협의회, 교회갱신을위한목회자협의회 및 한국기독교목회자협의회 등 주요 교회 연합 기관은 교회 내 성범죄 근절을 위한 대책 마련에 시급히 나서기 바랍니다.

2012년 9월 12일

전병욱목사성범죄기독교공동대책위원회

공동대표 **김주연 백종국 박종운**

참여 단체: 개혁교회네트워크, 교회개혁실천연대, 교회2.0목회자운동, 기독교윤리실천운동, 기독여민회, 성서한국, '전병욱목사진실을공개합니다'네이버카페

NAVER 카페

'전병욱 목사! 진실을 공개합니다'
http://cafe.naver.com/antijeon

전병욱 목사는 목사 이전에 신앙인으로서,
신앙인 이전에 한 사람의 인간으로서
자신을 돌아보기 바랍니다.

당신의 지속적이고 반복적인 성범죄로 인한 피해자들은
지금도 당신의 진심어린 사죄를 기다리고 있고,
당신의 거짓말과 안하무인의 행동에
또 다시 상처받고 있습니다.

하나님과 사람 앞에 진실한 회개와 사죄를 촉구합니다.
교회법에 의한 정의로운 치리를 요구합니다.
목회 복귀와 교회 개척은 있어서도 있을 수도 없는 일입니다.

'전병욱 목사 성범죄 기독교공동대책위'
- **공동대표:** 김주연 대표, 박종운 변호사, 백종국 교수
- **참여단체:** 개혁교회네트워크, 기독교윤리실천운동,
  기독여민회, 교회개혁실천연대, 교회2.0목회자운동,
  성서한국, 전병욱 목사 진실을 공개합니다 카페
- **연 락 처:** 개혁연대 사무국 (02-741-2793)

한국교회의 건강 회복을 위해
⟨뉴스앤조이⟩가 제안하는 '바른 신앙 시리즈'

바른신앙시리즈 001
마을을 섬기는 시골 교회

뉴스앤조이 취재팀 | 뉴스앤조이 펴냄
150면 | 가격 6,000원

1년 동안 기자들이 땀을 뻘뻘 흘리며 마을을 섬기는 시골 교회 17군데를 취재했습니다. 마을이 살아야 교회가 삽니다. 열악한 환경에서도 창의적 사역으로 마을과 교회가 함께 행복해지는 비결을 배울 수 있습니다.

바른신앙시리즈 002
건강한 교회의 기본, 모범 정관

교회개혁실천연대 · 뉴스앤조이 취재팀
뉴스앤조이 펴냄 | 123면 | 가격 6,000원

민주적 교회 운영의 이론과 실제를 작은 책에 담았습니다. 교회개혁실천연대가 제공하는 모범 정관의 핵심적인 사항과 모범 정관을 잘 운용하는 다섯 교회의 사례를 소개했습니다. 모범 정관을 교회의 상황에 맞게 재해석하고 적용하며, 건강한 교회를 세워 가는 모습들을 보실 수 있습니다. 각자의 교회에 어떻게 적용할지 도움을 받으실 수 있습니다.